| 第十一辑 |

找寻遗失在西方的中国史

西洋镜

一个英国皇家建筑师画笔下的大清帝国

[英]托马斯·阿罗姆 绘　[英]乔治·N.怀特 著　赵省伟 编译

台海出版社

图书在版编目（CIP）数据

西洋镜：一个英国皇家建筑师画笔下的大清帝国 /
（英）乔治·N.怀特著；（英）托马斯·阿罗姆绘；赵省
伟编译 . —北京：台海出版社，2017.5（2022.8重印）
ISBN 978-7-5168-1433-8

Ⅰ . ①西… Ⅱ . ①乔… ②托… ③赵… Ⅲ . ①中国历
史—史料—清代—图集 Ⅳ . ① K249.06-64

中国版本图书馆 CIP 数据核字（2017）第 131660 号

西洋镜：一个英国皇家建筑师画笔下的大清帝国

著　　者：［英］乔治·N.怀特　　绘　者：［英］托马斯·阿罗姆　　编译者：赵省伟

出 版 人：蔡　旭　　　　　　　　　　责任编辑：俞滟荣

出版发行：台海出版社

地　　址：北京市东城区景山东街 20 号　　邮政编码：100009

电　　话：010-64041652（发行，邮购）

传　　真：010-84045799（总编室）

网　　址：www.taimeng.org.cn/thcbs/default.htm

E—mail：thcbs@126.com

经　　销：全国各地新华书店

印　　刷：唐山才智印刷有限公司

本书如有破损、缺页、装订错误，请与本社联系调换

开　　本：787 毫米 ×1092 毫米　　　　1/16

字　　数：350 千字　　　　　　　　印　张：22

版　　次：2017 年 7 月第 1 版　　　　印　次：2022 年 8 月第 2 次印刷

书　　号：ISBN 978-7-5168-1433-8

定　　价：198.00 元

西方最早、最著名的绘画本中国历史教科书

2014 年，我创建工作室，整理出版海外中国相关史料，围绕"中国服饰与风俗"这一专题相继出版了《遗失在西方的中国史：中国服饰与风俗图鉴》（英国人梅森的 1800 年版《中国服饰》）、《西洋镜：中国衣冠举止图解》（马戛尔尼使团随团画家亚历山大的 1805 年版《中国服饰》、1814 年版《中国衣冠举止图解》）、《西洋镜：清代风俗人物图鉴》（英国人梅森的 1801 年版《中国刑罚》），刻下即将出版《遗失在西方的中国史：中国服饰与艺术》（法国人布列东的 1811 年版《中国服饰与艺术》）等。这些著作均为海外汉学研究某一领域的扛鼎之作，受到了很多媒体和读者朋友的喜欢。

比起以上那些选题，"阿罗姆"耗费了我更多的时间和精力。三年多的时间里，我花费了一笔不菲的费用从海外购买了这些手工上色的版画。收到的版画有原框的、破损的、做旧的等等，也听说一些出版社正在做这个项目，因此，我一度想放弃这一选题。事实上，在此期间确实有两个版本的书出来，好在都是黑白版，与我想做一本彩色版《中华帝国图景》[1] 的计划并不冲突，这也从侧面说明阿罗姆的书具有较好的市场预期。

1843 年，鸦片战争刚刚结束，阿罗姆的《中华帝国图景》便在伦敦出版。全书分四册，收录了 128 幅钢版雕刻的插画，文字部分由爱尔兰作家乔治·N. 怀特执笔。1845 年德文版本首版，1858 年英文再版时增加了 39 张其他作品。由于制作精美、内容丰富、视角独特，真实地反映了当时中国的政治制度、自然景观、山川形势、社会文化以及对外贸易与交流的情况，该书出版之后，很快成为英国乃至西方最早、最著名的绘画本中国历史教科书。当时欧洲人，尤其是欧洲主流社会关于中国的知识大部分都源自这本书。

托马斯·阿罗姆 1804 年出生于伦敦南部的兰贝斯，父亲是诺福克郡的马车夫。阿罗姆 1819 年起在建筑师古德温的事务所当学徒，1826 年进入英国皇家美术学院

---

[1] 编译出版时，为了使《西洋镜》丛书在体例上保持一致，更名为《西洋镜：一个英国皇家建筑师画笔下的大清帝国》。——编者。

学习建筑设计。毕业后，阿罗姆成为了英国的顶尖设计师之一，主持设计了圣彼得教堂、海伯利教堂、肯星顿公园等建筑，还参与设计了英国议会大厦，以及筹办创建英国皇家建筑师协会。19世纪20年代起，阿罗姆接受出版商委托，为旅行类书籍绘制插图，为此，他走遍了英伦全岛以及欧洲各地。1834年，阿罗姆远赴土耳其、叙利亚、巴勒斯坦等国，创作了数百张富含浓郁东方风情的画作，1838年，出版了《康士坦丁堡和小亚细亚七座亚洲教堂的风光》。阿罗姆晚年健康状况不佳，饱受心脏疾病的困扰。1870年，阿罗姆退休，两年后去世。

虽然阿罗姆足迹遍布欧洲，并且一度到达土耳其、巴勒斯坦等国，但是，他却从来不曾到过中国。阿罗姆是以威廉·亚历山大的画作为基础，参考相关文字描述，充分发挥自己的艺术想象力与创造力，创作了《中华帝国图景》一书中大多数的画作。

大体说来，书中运河沿线以及北京、天津等地的绘画，均是根据亚历山大的原图绘制。有些作品，阿罗姆并没有改变原作的整体构图，只是稍作改动，比如《西直门》，阿罗姆删去前景中无关的人物，拉近观赏者与城门的距离，使得城楼、城墙与城门更加挺拔雄壮。而在《圆明园正大光明殿》中，阿罗姆根据相关文字记载，还原了皇帝进入大殿时的场景，比起亚历山大的原作，场景更丰富，也更生动。《热河小布达拉宫》《中国长城》《天津戏院》等作品同样也是如此。对于亚历山大创作的各式各样的人物，阿罗姆稍作改动，将他们融入到一个具体的场景中。在《临清的街头表演》一图中，这种情况最为明显。吹笛子的乐手无疑来自亚历山大的《流浪音乐家》一图，原作中的音乐家演奏的是胡琴。木偶戏表演的场景来源于《街头表演》，操作木偶的表演者从神情举止到服饰装扮都酷似亚历山大笔下的书商。为了使整个场景更真实、富于生活气息，阿罗姆还添加了形态各异的观众。选取亚历山大笔下不同的人物与场景，重新拼贴、融合，创作出一幅幅生动的风俗画卷，阿罗姆深谙此道。

此外，《南京城》《南京琉璃塔》《从琉璃塔俯瞰南京》《金陵桥》等作品，则是阿罗姆依据17世纪荷兰画家纽霍夫的画作以及相关资料创作而成。《香港》《澳门妈祖庙》《澳门的寺庙》是阿罗姆在法国画家奥古斯特·波塞尔原作的基础上创作而成。鸦片战争相关的画作，则是阿罗姆根据英国随军画家创作的速写以及战地记者创作的战争场景绘制而成。

阿罗姆认真研究了其他画家的作品，既忠实于原作，保证了画作的写实性，生动地还原了中国的社会特征，又充分发挥自己的创造性，赋予这些画作更高的艺术价值。不同国家的读者之所以还能在各类著作中不时看到阿罗姆的名字，原因正在于这些极具艺术性和历史价值的风俗画。

乔治·N.怀特约1794年出生于都柏林。大学就读于都柏林圣三一学院，于1814年、1817年分别获得本科、硕士学位。搬去伦敦之前，他曾在爱尔兰多个地方担任副牧师。1851 年，他在温莎的一所学校教授古典文学，1863 年，还曾担任过文法学校的校长。19 世纪 20 年代至 19 世纪 40 年代，他曾经编写了一批供学生阅读的书籍。此外，他还编写了一批风俗画册，比如《都柏林历史指南》（1825 年）、《图说爱尔兰》（1831 年），以及《中华帝国图景》（1843 年）等书。

和阿罗姆一样，怀特也没有到过中国，本书写作过程中，他尽可能搜集丰富的材料，广泛参考、大量引用了前人有关中国的相关论著。其中，既包括《马可·波罗游记》，也有西方传教士、马戛尔尼使团成员，以及鸦片战争中英军士兵的书信与回忆录。在 1858 年修订版的序言中，他不厌其烦，大段引用英国第四任驻香港总督宝宁的通信。此外，书中还有大段的文字直接引用法国人布列东的《中国艺术与服饰》，以及出版于 1834 年的《中国缩影》。这些文字配合着阿罗姆的插图，向英国民众展示了一个古老、神秘而又陌生的中国，深受读者的喜爱，因此得以多次再版。

后世读者对阿罗姆的画作交口称赞，对怀特的文字却颇多指摘。尽管有着种种缺点与不足，但不可否认的是，阿罗姆创作的这些精美的彩色版画具有极高的艺术价值与史料价值。让我们跟随阿罗姆的这些版画，进行一场时空穿越之旅，饱览 170 余年前中国大地上壮美的山河，重温那段交织着美景与战火的历史岁月。

编者

摄影与版画 [*]   曾璜

在 20 世纪初照相印刷术尚未完善之前，版画是最重要的视觉传播手段，摄影术拍摄下的影像主要借助于成熟的版画印刷术传播。近年来，依据照片视觉组构制作的版画作为早期摄影史重要的视觉表达形态，作为反映 19 世纪绘画与摄影交织的艺术形态，逐渐得到了摄影史学界的关注，国内外出版的许多摄影史专著已经将"摄影版画"作为 19 世纪影像传播的重要形态纳入研究的视野中，预示了艺术史和摄影史研究的新领域。此外，早期中国摄影版画也出现在收藏和拍卖市场，如华辰影像 2014 年春拍推出的"摄影版画"专题，成交率高达 91%。摄影版画作为中国收藏市场新出现的一个品种，已经成为艺术品收藏和艺术品金融投资的价格洼地。

一、中国摄影版画小史

中国的版画术早于西方，主要为宫廷致力于历史的美化与教化，而非传播和告知大众。[1] 中国的版画分为年画和版画，在明末清初的江南十分流行，明代话本小说流行之时正是中国古代版画的黄金时代。[2] 但是在中国，无论是文字印刷还是图像印刷，都止步于匠工，而未能成为艺术。1884 年出版的《点石斋画报》当属早期最重要的采用了版画的大众媒体，但少有依据摄影作品制作的图画。

在两次鸦片战争的年代，中国作为世界上最富有的国家，是世界列强主要的殖民对象和西方媒体主要的关注对象。而摄影作为工业革命最为重要的发明之一，迅速得到应用，成为最重要的记录和传播工具，"摄影版画"也成为了西方了解和报道中国（东方）的主要视觉媒介。

目前掌握的史料表明，在西方媒介上最早出现有关中国题材的版画是 1665 年，荷兰人约翰尼斯·纽荷夫（Johannes Nieuhof）将自己从澳门到广州的见闻画成素描后，采用铜版画的形态发表于《东印度公司使节团访华纪实》中。早期艺术史上因创作中国影像而闻名的版画艺术家有两位，他们是 18 世纪的威廉·亚历山大（William Alexander）和 19 世纪的托马斯·阿罗姆（Thomas Allom，1804 – 1872 年）。作为 1793 年英国外交使团的随团画师，亚历山大将在华所见的山水、人物、建筑、礼俗画成水彩画，并制作成铜版画集。与两位前辈不同，阿罗姆没有到过中国，他主要借用了亚历山大的画稿及相关文字记录，创作出 120 多张铜版画，

---

* 该文初稿于 2014 年，2016 年年底修改，配图版画为影易时代、曾璜和 LAURA HUANG 所收藏。希望本文有助于读者更加清楚地了解阿罗姆的版画在中国影像史中的地位。——编者。

[1] 陈丹青：《历史与观看》，《西洋版画与北京城》，四川美术出版社，2008 年。
[2] 马未都：《京华遗韵》前言，新世界出版社，2008 年。

成就了西方早期最著名、最经典的中国近代影像。虽说绘画透视学和解剖学在 15 世纪已经成为了西方绘画的基础，但是阿罗姆的这些画作在视觉表达上并没有严格地遵守摄影透视学的原理，而且视觉符号带有明显的西方元素，这些遗憾都为"摄影版画"留下了充分的发展空间和余地。

18 世纪，西方艺术家把西方版画带到中国宫廷，清朝皇室得以领略西方艺术的魅力。后来，乾隆皇帝把《乾隆西域武功图》送到欧洲，制成版画，以彰显自己的赫赫战功。同时，这也为版画这种艺术形态在中国的出现和发展提供了政治环境和社会基础。皇权和政治的介入，推动了西方版画艺术在中国的流行。

此时的西方艺术也将关注点从宗教转向了社会和人，出现了肖像画、风景画和静物画，对诞生于 19 世纪的摄影产生了深深的影响。[1] 当然，摄影术也反作用于艺术，特别对平面的、绘画的、现实主义的艺术形式产生了极大的影响。更形象地说，摄影术改变了中国画师处理透视关系时的幼稚和随意，让他们自然地引入了西方成熟的艺术技法。[2] 在中外视觉文化交流领域，摄影术不仅对中国艺术的视觉构成（特别是透视和真实描写）影响巨大，也彻底改变了中外艺术交流最重要的品种"外销画"的形式和构成，外销肖像画兴起，外销礼品画消亡。[3]

以照片为母本的"摄影版画"与传统版画相比较，不仅在视觉构成上更符合人眼的习惯，还有对动感的捕捉和对现场感准确的描述。"摄影版画"大量地应用于报刊和图书出版中，并出现了铜板、铁板、木版和石版等多种形态。

"中国的印刷业起步较晚，跨过了版画制版印刷，直接进入了照相制版，让国人无法理解前照相制版印刷过程的复杂。在照相制版成熟之前，书报画刊上的每张'照片图像'需单独制版，经历画师（摄影师）、版画家和刻板师等多层的创作和制作"[4]，这正是早期"摄影版画"的魅力所在！随着照相制版术日渐成熟，纪实报道性的视觉表达逐渐为摄影所取代，"摄影版画"在 1920 年前后逐渐式微，最后成为了小众的版画艺术。

二、摄影版画中的历史

"源于 15 世纪的铜版画和源于 18 世纪的石板画等同于今天的影像"[5]，具有很

---

[1] 江滢河：《清代洋画与广州口岸》，中华书局，2007 年。

[2] 吕澎：《美术的故事：从晚清到今天》第一章，北京大学出版社，2010 年。

[3] 江滢河：《清代洋画与广州口岸》，中华书局，2007 年。

[4] 秦风：《西洋版画和北京城》前言，四川美术出版社，2008 年。

[5] 陈丹青：《历史与观看》，《西洋版画与北京城》，四川美术出版社，2008 年。

中国人力车，约 1880 年，
根据威廉·桑德斯等人拍摄的照片制作

福建闽江水口镇，彩色木版画，
1882 年，《马六甲、南中国海和中国》

美国前总统格兰特访问上海盛况，
木版画，1879 年，《莱斯利周刊》

高的史料和传播价值。1876 年 9 月 2 日[1]和 12 月 23 日的《伦敦新闻画报》（The Illustrated London News）两次采用依据威廉·桑德斯（William Sauders）拍摄的照片制作而成的版画，来报道"中国第一条铁路开始运营"这一新闻事件，画面栩栩如生地描绘了当时上海万人空巷的场景。作为版画母本的原版照片却很少见到，这些底片很可能在 1888 年上海南京路森泰照相馆失火时损毁了。幸运的是摄影版画不仅让当年的读者身临其境地看到了发生在远东的现场，也保留下了这个场景，让后人得以穿越时光，回看 140 年前的景致。还有 1875 年出版的《马六甲、南中国海和中国》（Mallacca, Indo-China and China）一书刊登有一张闽江水口镇的版画，在 20 世纪 90 年代的建设中，因为修建水电站，这个镇子淹没在了江底。这张依据汤姆森拍摄于 1870 年前后的照片制作的版画保留下了该闽江段珍贵的场景。《莱斯利周刊》（Leslie's Weekly）刊登的 1879 年"美国前总统格兰特访问上海"版画，就是艺术家 W.F.Bainbridge 依据照片创作的摄影版画，这位摄影家应为外籍人士，他拍摄的底片可能在外国某个博物馆的犄角旮旯里静静地等待着中国人的到来，而这张"摄影版画"，不仅向人们展示了 1879 年 5 月 17 日下午发生在上海外滩金利源码头欢迎仪式的盛况，也留存下当年号称远东巴黎的上海港的

[1] 泰瑞·贝内特：《中国摄影史：西方摄影师 1861—1879》，101 页，中国摄影出版社，2013 年。

繁华。

　　19世纪出版的很多图书也大量采用了摄影版画，如1876年法国桦谢书店出版的886页的法文《环游世界》（*Tour du Monde*），该书采用了51张摄影版画，内容包括了人文、风景和人物的影像。此书不仅是研究19世纪70年代中西方视觉传播的珍贵史料，也是收藏早期摄影的重要参考书，其中很多版画的原型来自1862—1867年间在法国驻华使馆工作的莫拉克医生（Dr. George Morach），这批摄影版画表明莫拉克医生不仅拍摄风光，还拍摄有很多肖像，其摄影的视觉构成和表达，与闻名于世的约翰·汤姆森比较，毫不逊色，但比汤姆森早了十年！《环游世界》为中国摄影史的研究提供了一丝线索，莫拉克应该是中国摄影史上需要重视和研究的一位摄影家。

　　目前笔者收藏的刊登摄影版画的重要出版物有《伦敦新闻画报》（*The Illustrations of London News*），英国《画报》（*The Graphic*），《哈泼斯》周报（*Happer's Weekly*），《莱斯利周刊》（*Leslie's Weekly*），法国《画报》（*L'Illustration*）等。《世界旅行》（*Tour du Monde*）、《环游世界》（*Tour du Monde*,1876年）、《中国》（*La CHINA*,1905年）、《马六甲、南中国海和中国》（*Mallacca, Indo-China and China*, 1875年），《格兰特环游世界》（*Around the World with General Grant*,1879年）等图书中，也刊登有为数不少的摄影版画。

　　但是，经过艺术家的提炼和加工，摄影版画不可避免地带入了作者的主观想象和猜测，在那些从未到访中国的西方艺术家手中，版画上的中国人物常常具有西方容貌，而且画面中的场景也常常与客观真实相左。比如1873年3月8日英国《伦敦新闻画报》全版刊登的版画《北京考场》，其视觉元素主要取才于赖阿芳等摄影家拍摄的广东考场，流传很广的《京剧》，其视觉元素来源于约翰·汤姆森（John

北京考场，木版画，1873年，根据赖阿芳等人拍摄的照片制作

中国人力车，木版画，19 世纪 80 年代，
根据约翰·汤姆逊拍摄的照片制作

京剧，木版画，19 世纪 80 年代，
根据约翰·汤姆逊拍摄的照片制作

北京街头，木版画，19 世纪 80 年代，
根据约翰·汤姆逊拍摄的照片制作

李鸿章，木版画，1894 年

Thomson）拍摄的多张包括京剧和多种地方戏曲的照片，版画《北京街景》的视觉元素来自汤姆森拍摄的北方的老者、北京的"拉洋片"、红墙街道、福州挑粪人和台湾土族等多张照片。这些版画广泛地刊登于 19 世纪 70 年代至 20 世纪 10 年代西方众多的报刊图书中，可能误导了西方社会对中国的观看，并造成今天的中国社会误读自己曾经的历史。

三、摄影版画的"艺术"

笔者目前收藏的摄影版画有多种不同的形态，不仅有上述依据照片创作的版画，也有为了传播视觉信息而翻拍的版画照片。更为有趣的是一幅依据托马斯·切尔德（Thomas

Child）拍摄的皇室出行照片制作的版画，后来又使用 8 英寸 ×10 英寸的大画幅相机拍摄，重新制成蛋白照片。这一现象的原因至今还让人费解。

　　1936 年，本雅明在《绘画与摄影》一文中，纪录下了摄影术发明后第一个百年中，绘画与摄影的纠结、抗衡、较量和融合。从绘画挑战摄影到绘画逃离摄影，从绘画临摹摄影到摄影传播绘画，从绘画利用摄影到绘画主宰摄影……最后在后现代和后殖民主义的格局中，在揭示社会、保存历史的多个层面上，将摄影和绘画统一在了"艺术"的旗帜下。[1]

　　摄影版画作为反映 19 世纪绘画与摄影交织的艺术形态，作为早期摄影史重要的视觉表达形态，在中国一直未能受到重视和研究。对一百多年前曾经出现、传播并影响了西方人对中国观看和想象的版画，"中国人作为画中的主体，浑然不知这些画的存在，更不知西方社会对中国的窥视和读解"。这"不仅仅意在重温民族的失败，而在探讨那些'先进国家'和'先进文化'对中国制胜的原因"[2]。幸运的是，近年来国外出版的不少研究专著意识到了摄影版画作为 19 世纪东西方视觉文化交流的重要形态。这必将在文化交流史、艺术史和摄影史中开辟出一片新的研究领域。

　　有关早期中国摄影版画的研究和收藏才刚刚开始。

曾璜简介：中国摄影家协会摄影史委员会委员，教育部增加传播能力建设千人计划学者。

---

[1] 本雅明：《绘画与摄影》，《迎向灵光消失的年代：本雅明论艺术》（1936 年），许绮玲、林志明翻译，广西师范大学出版社，2004 年。

[2] 陈丹青：《历史与观看》，《西方版画与北京城》， 四川美术出版社，2008 年。

目录

浙江
107

引言

对华战争是当前的焦点事件之一。这个时候，如果有一本介绍中国历史、描述中国风土人情的书，必定会受到英国民众的欢迎。中国这个重要的国家，与我们相隔万里，而正在进行的战争使得读者们对它产生了浓厚的兴趣。不仅如此，不同观察者眼中的中国，各不相同，矛盾之处比比皆是。中国幅员辽阔，东西与南北跨度大致相当，约为 1400 英里，人口约 3 亿 5 千万，一个强有力的中央政府统治着这个庞大的国家。当欧洲大陆尚处于茹毛饮血的野蛮时代，中国已经达到了高度的文明。早于欧洲世界许多世纪，中国就已经拥有了卓越的艺术品——而我们往往正是通过艺术品来评判一个社会的文明程度。即便是一些现代国家，在公共建设的规模上，比起中国仍然相形见绌。两千年前，中国修建起了"万里长城"（实际长度是 1500 英里）。早于欧洲世界 400 年，中国开凿了一条长达 700 英里的运河，当时欧洲世界尚不知运河为何物。"面对这么一个国家和民族，最漫不经心的观察者也会全神贯注，最理性冷静的观察者也难免浮想联翩。"

在政治哲学家看来，凡事有利必有弊。这个伟大的帝国，帝王高高在上，无数的臣民出于习惯，麻木地匍匐在他的脚下。然而，帝国的军队孱弱不堪，民众稍做反抗，军队便会土崩瓦解。这个国家并非毫无知识的蛮荒之地，人民富于教养，热爱知识的程度远非其他国家可比。这个国家的政治制度已经延续了两千余年，在漫长的岁月中，从未发生过变化（至少主体没变）。中国人早期在文化与艺术领域取得的成就不容置疑。中国物产富饶，却仍两度遭受游牧民族的全面入侵。他惩罚不了周边国家的海盗，也平定不了疆域内不停制造麻烦的小部族。在人们眼中，这个庞然大物击垮那些小部族本应轻而易举。衙役们似乎权势很大，但实际上却不堪一击，他们习惯于屈服在官员面前。这个国家的一系列政策互相矛盾，其间交织着智慧与愚蠢，既不乏深刻的思想，也时常可以见到肤浅的错误。国家支持艺术与科学，同时却抵制外来的先进事物；鼓励国内贸易，抑制对外贸易；大力发展国内制造业与商业贸易，却不使用贵重金属作为交易货币；深陷人口众多与资源匮乏的危机，却仍鼓励人口增长。

之所以会出现以上矛盾现象，部分原因在于其独特的地理位置、物理特性、特殊的政治体制、宗教制度以及妇女们卑下的社会地位。接下来我们就从以上这些方面来探讨一下中国的国情。

中国南部和东部是辽阔的海洋，风急浪高；北部是大片的沙漠，寸草不生；西部是连绵高耸的山脉，山顶终年覆盖着皑皑的白雪，即便是在夏天，也会让人陡然生出一阵阵寒意。上文曾说过，中国是世界上最大的集权国家，东西横跨1400英里。辽阔的国土上，数不清的山脉纵横交错，两条宽广的河流横贯东西。它们发源自青藏高原，蜿蜒流淌，最后汇入大海。这里气候多样，作物种类繁多，人民可以自给自足，完全不用依赖其他国家。经济上自给自足，统治者傲慢自大，于是，国家便开始闭关锁国，而自我封闭也正是中国人的特点之一。中国幅员辽阔，地理位置优越，上天如此厚待于它，有心使它成为世界的商业中心（多样的气候与丰富的物产是文明中心的一大特征），但是这里的人们却没有充分利用上天的恩赐，他们目光狭隘，曲解了自然的本意。正是因为自然资源丰富，他们才断然拒绝与其他国家进行商业贸易。同样，借助于帝国内为数众多的运河，各省之间进行商业贸易，以满足城市与乡村的生产和生活需求。

原则上，中国政府是有史以来最专制的政府，统治者与被统治者之间缺乏有效的沟通机制。皇帝至高无上，尊贵无比。他掌握着帝国内所有臣民的生与死，支配帝国内所有的财产，可以决定由谁来继承皇位。帝国内等级森严，下级必须对上级负责，丝毫也不能越级行事。在中国，没有可以世袭的贵族头衔，朝廷重臣和地方大员都由皇帝任命，或者根据他们的德行来举荐。帝国内，所有臣民在法律面前一律平等。统治者强烈反对册封贵族，王爷的子嗣三代之后同样可能沦为平民。

等级制度，或者说父权制度，长久以来一直都是中国政治制度的基础。这一思想的核心内容，即"修身齐家治国平天下"，最早出现在孔子编纂的"四书"中。政府内，六部分工协作，使得国家机器得以正常运转。"内阁"由四位（满汉各两人）深受皇帝宠信的大臣构成。内阁下面是"议政处"，由众多出身于翰林院的大臣组成。朝廷的政策由六部负责制定和具体实施。六部分别是吏部（负责全国文官的考核和任命）、户部（负责全国的财政事务）、礼部、兵部、刑部、工部。中央政府还设有督察院，督察院有40—50名官员，他们在全国各地巡视，就像间谍一样，然后向中央政府汇报视察的结果。尽管他们的使命至关重要，但他们却常常因言获罪，惨遭贬职。巡抚是一省最高的行政长官，有些地方两个省份还会有一个总督，总督之下设两个巡抚，分别负责一个省份，广东和它临近的省份就是如此。中国的总督和欧洲的总督职权相当。吏部官员、户部官员、负责税收的官员，以及其他文职官员会被派往全国各地。中国地方上的文职官员总数不少于14000人。全国军队人数大约有70万。北京的兵部负责处理与军队有关的事务。文武官员的品级不同，官帽顶部顶珠的颜色也不同。

尽管清政府是一个绝对的专制政府，但可以设想，由于父权制的影响，人们可以把它改造成一个为人民谋福利的政府。不过，中国人民十分软弱，毫无个人尊严可言，他们只是专制机器的一个个小零件。在中国，政府的触角无处不在，个人无处藏身。一切荣誉都来自皇帝与朝廷的赏赐，每一个人，特别是那些蝇营狗苟的钻营之徒，想尽办法成为统治阶级的一员。政府派遣密探，严密地监督人民，给人民造成种种束缚。这种束缚就像毒蛇爬行过后留下的痕迹一样，遍布在这个辽阔的国家里，使得人民的自主意识逐渐退化。人们意识不到个人存在的神圣性，对他们而言，比起上天的旨意，人们的首要任务是遵守皇帝的诏令。

中国人讲究孝道，注重家庭，这同样体现在国家的法律中。父亲是一家之主，可以随意对待子女，甚至可以决定他们的生死。这表明，中国人的道德水平正在退化。清朝政府保守封闭，禁止百姓出国旅行。尽管清朝政府采取了一系列措施，但它的统治究竟还能持续多久，仍然是个未知数。帝国西南部，苗族的反抗斗争至今尚未平息，全国遍布着各种秘密帮会，帝国最繁荣富庶地带的农民起义[1] 也已经持续了好几年，还不知道何时才能平息。

接下来，我们来谈一下宗教问题，透过它，我们可以发现中华民族与其他民族的重大区别。在中国，宗教自然也是控制在政府的手里。中国早期盛行多神崇拜，我们可以在流传下来的神话故事中得到印证。天、地、空气、海洋，都分别由某一个特定的神仙掌管。陆地上有土地公，大海里有龙王爷。人们敬畏每一位神仙，他们向神仙贡献祭品，举行各种祭拜仪式，祈求神仙的保佑。比如，收获之后，农民会把收获的第一批果实献祭。儒教盛行全国，提倡尊重祖先，严格遵守孔子的教义。儒教是国教，除了儒教，佛教和道教同样也拥有很多信徒。中国的宗教非常有意思，我们会在后文中加以详细介绍。

与很多亚洲国家一样，中国女性的地位也很低下。她们不能在公共场合抛头露面，在家里，她们也不能和男人在同一张桌子上吃饭。不过，对于下层劳动阶层，第一条规则被打破了，不管已婚还是未婚，下层女性都要进行繁重的体力劳动。穷苦人家攒够了钱，就会为家中的未婚男子娶妻。女方往往没有什么财产，不过提亲的男方会给女方家里一笔彩礼，数目多少要根据双方家庭的经济条件而定。婚礼结束之后，这对新人才能第一次看到对方的长相。在中国，休妻的理由多种多样，比如妻子话太多，或者不孝顺公婆。欧洲女性看到这些，肯定会大吃一惊。即便中国的男性性情温和，妻子的境况会有所改善，但她们的地位仍然不容乐观，仅仅比奴隶强一些。妻子还要忍受丈夫和婆家人的酷刑，甚至还有可能被丈夫卖掉，用来抵偿丈夫娶妻的花销。由此可知，中国女性对社会的影响微乎其微。本应该对民族文化和进步起到重大作用的女性，完全被中国社会忽略了。

由于篇幅的原因，有关中国的风俗习惯、语言文化、历史、社会环境、艺术、科学、

[1] 指太平天国运动。——译者。

贸易、商业、制造业等，笔者不再赘述。下面，让我们用宝宁爵士[1]（他曾长期在广州居住生活）所写的一份文件，作为引言的结尾。这份文件刊登在最近出版的《社会统计》上，很好地说明了中国的状况。在这份写于1855年的文件中，宝宁爵士就伦敦总登记官提出的若干问题做了一番解释。虽说是一篇科学通讯，但文章并没有采取官方通讯的口吻，文风反而很自由灵活。因此，尽管这是一篇统计调查报告，但文中与中国社会有关的信息却很有趣。

事实上，从嘉庆时期起，中国政府已经有43年没有进行过人口普查了，因此，以下数据的真实性十分值得怀疑。数据显示，中国现在人口总数是362447183。不过基于我们对这个国家的了解，官方的这一统计数字大体上还是可靠的。我们保守估计，中国现在的人口在3.5亿—4亿之间。中国刑法规定，在人口普查中，不如实上报信息会被处以100下鞭刑。地方官每年都要统计当地的人口数目，这是他们的职责之一。不过，我怀疑他们并没有很好地执行这一职责，面对欺瞒，他们也是睁一只眼闭一只眼，往往并不会认真处罚。

几年前，我曾经就中国的人口问题，和宁波当地一位负责统计汇报人口数目的官员进行过一番探讨。在签订通商协议的5个港口城市中，宁波算不上是一个发达的大城市，但当地的实际人口却远远超过官方预测的数目。

需要说明的是，幅员辽阔的中国共由18个省份构成。在1812年的人口普查中，每平方公里上居住着268人，比起欧洲国家，人口密度要小得多。

中国传统把人分成士、农、工、商四等。此外，戏子、杂耍艺人、乞丐、罪犯等被认为是下三滥，社会地位底下，尽管他们数目庞大，但在人口普查中，这些人可能并没有被统计在内。另外，有关官员可能也没有把穷乡僻壤统计在内，他们只统计了那些交通方便、经济富庶的地区。

众多证据显示，人口过剩使得中国粮食缺口越来越大，人们为此承受着越来越沉重的负担。先前有段时期，中国农业连年取得大丰收，收获的大米不仅可以供给全国各地，甚至还有剩余出口国外。但近年来，中国从菲律宾、暹罗以及其他国家大量进口粮食，以弥补国内的粮食缺口。饥荒带来了一系列社会问题，但国家储备的粮食却完全无法满足人民的消耗。毫无疑问，国内动荡的局势严重影响了农业生产，突发性的洪水、火灾等短期的自然灾害也在一定程度上危害了农业生产。但是，即便以上问题不存在，中国的粮食短缺现象依然不可避免。这是因为中国人口增长得太快了，完全超出粮食生产的增长速度。我们知道，人口在不断增长，粮食需求增大，

---

[1] 宝宁（John Bowring, 1792—1872年），英国经济学家，旅行家，英国第四任驻香港总督。——译者。

而水灾、旱灾、火灾、蝗灾以及恶劣气候等严重影响粮食生产的自然灾害往往又不是人力所能控制。在中国，农业生产主要依靠人力劳动，看上去就像园艺一样。

很少有人移民到中国，却有众多的中国人移居海外，这也能证明中国目前人口过剩。移民主要出自广东和福建两省，这两个省份总人口在 3400 万—3500 万之间，其中有 200 多万，将近 300 万人迁居国外。暹罗大致有 150 万中国人，其中仅在首都曼谷一地就有 20 余万中国人定居。印度尼西亚也散布着很多中国人。据统计，爪哇有 13.6 万中国人。在印度支那，有若干船只专门负责把中国移民运往加利福尼亚等地。很多中国人移居到澳大利亚、菲律宾、圣维治群岛，以及美国中南部的西海岸。还有一部分来到英属印度。另外，英属西印度群岛、哈瓦那等地也有很多中国人。每年有 1 万多中国人来到新加坡，但从新加坡回国的中国人却仅有 2000 余人。

在中国，每年有大量的人口迁居到蒙古和西藏等地区。另外，在土地肥沃的台湾和海南等地，大量外来人口蜂拥而至，开荒种田，规模很快便超过了当地的土著。然而，尽管很多人背井离乡，出国谋生，中国人口却丝毫不见减少。远在异国的中国人，时刻想念着回家祭祖，把祭品供奉在先祖们的坟前，但事实上，十个人之中，往往只有一个真正能够回到家乡。由于疾病、经营不善、船只失事，以及其他种种灾祸，很多中国移民葬身异国他乡，这一比例之高，令人心惊。

很多中国人以捕鱼为生，这一方面证明中国人善于最大限度地利用土地，同时也表明这个国家人口严重过剩，有限的耕地已经不堪重负。在中国，农业生产至关重要，农民的社会地位仅次于知识分子。据统计，将近十分之一的中国人以捕鱼为生。沿海一带，岸边布满了船只。有些渔民集体进行渔业捕捞，有些渔民则独自捕鱼。中国人捕鱼的方式五花八门，捕鱼用的渔网各式各样，大的围网面积达数平方公里，小孩子用的格网又十分小巧。不管是白天还是晚上，他们无时无刻不在捕鱼。晚上，他们借着月光，或者点起火把捕鱼，甚至在伸手不见五指的黑暗中，他们也可以捕鱼。他们捕鱼用的圈套和设备种类之多，远远超出你的想象。他们利用各式渔船捕鱼，有可能要在风急浪高的大海上连续颠簸几周。他们静坐在海边的石头上捕鱼，训练鸬鹚捕鱼，潜入水底捕鱼，或者用鱼线、鱼钩捕鱼。你能在任何一条河上看到捕鱼的人，你也会发现，几乎每一处湖泊与池塘都养殖着大量的鱼类。在中国，一片鱼塘就像一块肥沃的土地一样珍贵。清晨时分，城市里出现了很多贩卖活鱼的小贩，他们把鱼放在水桶里，当天卖不完，第二天继续卖，桶里的鱼仍然活蹦乱跳。湖泊与池塘里除了出产大量的鱼类，还出产一些可以食用的植物根茎与种子。其中，海芋、荸荠，以及莲藕最常见。

在中国，有很多家庭生活在水上。他们在船上出生，在船上读书，在船上结婚生子，在船上挣钱养家，最后死在船上，几乎一生都在船上度过。他们生于船上，死于船上，除了栖身其中的船篷，他们不曾拥有、也从未梦想过在陆地上寻找一处可以遮风挡雨的栖身之所。他们几乎从未离开小船的甲板，不知道陆地上有多拥挤，也不知道耕地时务必要铲除田里的杂草。据说，仅仅是广州一地，就有将近30万人居住在河中的船上。有些大船吃水深达二三十米，船只长达上百米，走街串巷的流动商贩为生活在船上的人们提供日常生活必需的物品。船只有大有小，用途各异。诸如举办宴会、听戏、欣赏乐曲、赌博、嫖娼等社交娱乐，专门提供这类服务的船只应有尽有。此外，还有船只在河面上往来如梭，专门用来运载货物和摆渡客人。而一些人在陆地上找到差事后，便会把船只停泊在岸边。除此之外，生活在船上的人家和生活在陆地上的人家一样，分享着同样的喜怒哀乐与悲欢离合。

中国的船只样式众多，无法一一详细描述。用来运输大米和食盐的货船船体非常庞大，往来于两地之间、接送大户人家及其仆人的客船上面建有很多房间，配备着100余名舵手的"蜈蚣船"可以快速地将贵重的货品从内地仓库运到停泊在港口处的外国商船上。从诺亚方舟般原始粗糙而又笨重的大船，到生活着孤独的社会边缘人的简陋的小船，这些各式各样的船只，代表了一个庞大的社会群体，他们即便不是绝对意义上的水上人群，至少可以称为水陆两栖人群。

除了陆地和水面之外，还有人居住在湖面上漂浮着的竹筏上。这些竹筏就好像一座座小小的人工岛，上面建有花园和房屋，饲养着家禽，种植着蔬菜与花草，足以满足人们的日常生活所需。木筏上还有书籍与神像，以供人们阅读与祈福。

无论身在何处，你总能发现，但凡是适合耕种的土地，都已经被开垦了出来。山上是层层叠叠的梯田，即便是那些看上去难以耕种的斜坡也不例外。为了使土地更肥沃，他们使用种种工具，收集各式各样的肥料。清道夫们会把街道上散落的人和牲畜的粪便收集起来，在人口密集的地方，你经常可以闻到堆积起来的粪便散发出的恶臭。在中国，农田里往往散落着很多陶器，用来收集过路人的粪便。大城市里的人们会把收集起来的尿液倒在房屋周边的花园与农地里。总而言之，他们不知疲倦地收集、使用各种农家肥料。

事实上，有关中国的农业生产，有数不清的话题可以说。比如说排水和灌溉系统、准备与储存种子，以及种种施肥的技术。这也表明，中国的农业总产出满足不了人们对粮食的需求。

中国人一点儿也不挑食，只要是富含营养的东西，他们都会吃。他们吃狗肉，公开售卖小狗肉。我曾经在一家肉铺看到被剥了皮的狗，与猪和羊挂在一起售卖。中国人也会吃老鼠、猴子和蛇。招待贵客的宴会上，他们会准备昂贵的珍馐美味，诸如海参和燕窝。他们还喜欢吃毛鸡蛋和毛鸭蛋，对于这种刚刚孵化成形的东西，丝毫不觉得恶心。不过，他们更喜欢吃鱼，鱼类肉质鲜美，并且很下饭。

大多数中国人靠廉价粗糙的食物为生。在中国，无论是发酵的低度酒还是烈性酒，人们都很少喝，酗酒这一恶习非常罕见。男女老少都喜欢喝茶，只要花上3—6便士，便能买上整整 1 磅茶叶，而一般百姓饮用的茶叶更加便宜。中国人一天只吃两顿饭，上午 10 点左右吃早饭，下午 5 点左右吃晚饭。奶制品可以说是中国人唯一讨厌的食物了，这多少有点令人意外，毕竟满族已经统治这个国家很长一段时间了，并且留下了长久的影响。我从来没有在当地中国人的餐桌上看到黄油、奶油、牛奶或乳浆这一类食品。

尽管中国非常适宜人类生存繁衍，但死亡的阴影却依然时刻笼罩着这片土地。洪水袭来，淹没了整个城镇与周边的村庄，淹死了众多的百姓。台风登陆，摧毁了沿海地区众多的渔船，带走了无数条生命。最近爆发的内战也使得无数人流离失所，数百万人死于非命。另外，政府还处决了数目众多的犯人。就在我写这封信的时候，仅仅是广东一省，每天都要砍掉四五百名犯人的脑袋。在中国，砖塔和石塔随处可见，很多婴儿（主要是女婴）会被遗弃在塔内，并且因此而死亡，具体数目我们无从知晓。

在中国，老的一代死去，新的一代出生，永无尽头。由于习惯、传统以及圣人的教诲，中国人非常热衷于生养和抚育后代。如果一个人没有后嗣，人们虽然不会把他当作一个堕落的人，却会认为他是一个可怜的人。中国的理学家认为，如果妻子无法为丈夫生儿育女，那么，她就有责任为丈夫纳妾，以延续夫家的血脉，从而当丈夫过世时，有人为他披麻戴孝。一位著名的中国作家曾经说过："有些妻子自己生养不了子女，但是依然不允许年届不惑的丈夫纳妾，谈到这个话题时，便恨得咬牙切齿。难道你们这些女人不明白，时光短暂？虽然生命好像永无尽头，事实上却如同离弦之箭，转瞬间便无影无踪。一旦丈夫精力衰竭，届时便再也无法生育。作为妻子，你便使丈夫绝了血脉，无颜面对先祖。待到那个时候，你就是千百次的后悔也于事无补。你要明白，你的丈夫是凡人，他终会死去。因为没有子嗣，你和丈夫积累下来的家产会被亲戚瓜分一空。最终你会发现，阻止丈夫纳妾不仅害了他，也害了你。没有人会为你准备棺椁，也没有人为你扫墓，没有人为你安葬，也没有人给你祭祀。你孤零零的亡魂只能在哭泣中度过漫漫长夜。想到这里，怎能不令人悲哀？有些妻子抑制住自己内心的嫉妒，接受丈夫纳妾。由于心有不甘，她们会无故谩骂小妾的仆妇，变相辱骂小妾，使得家中鸡犬不宁。在此，我恳请你，做一个贤德的妻子吧。自己没有办法生育儿女的话，尽快为丈夫挑选小妾。一旦小妾生下儿女，家族的血脉得以延续，你的丈夫必定会对你心生感激。你会成为这些孩子的嫡母，这难道还不足以令你欣慰吗？千万不要做恶毒的怨妇，否则你会吞下自己种下的恶果。"

一般说来，夫妻二人在纳妾这一问题上总能达成一致意见。因为在小妾面前，妻子拥有不可辩驳的权威，总是说一不二，而庶出的子女更要尊重父亲的正妻。对这种家庭内部的关系，中国人有一个形象的比喻：丈夫是太阳，妻子是月亮，小妾是环绕太阳和月亮的星星。

在中国的史书和神话传说里，我们很难发现男神与女神的爱情故事。中国的女性衣着朴素，生活节俭，与家庭成员感情深厚。总的来说，父母疼爱子女，处处以儿女为傲，子女们都很孝顺父母。孔子很注重秩序，而威权和驯服正是等级社会得以维持的基础与关键所在。

希望子嗣绵长，祖辈的香火得以延续，害怕家族后继无人，这种观念普遍存在于中国社会各个阶层，并非特权阶级独有。我家里的一个女仆（她现在已经是一个基督徒），明确表示希望丈夫纳妾，当有人提出异议时，她感到非常吃惊。

在中国，子女的婚姻是家里的头等大事。上等社会家的孩子甫一出生，家里便会经常讨论起他未来的婚事。中国的职业媒婆数目庞大，说媒拉纤是她们的本职工作。她们往来奔走，商讨礼金数目，调解双方的分歧，衡量婚事的利弊。中国没有世袭的贵族，如果一个人文才出众或者军功卓著，便可以光耀门楣，为整个家族带来荣誉，使家族受封成为贵族。因此，缔结婚约时，他们不刻意要求门当户对，出身寒门的青年才俊很有可能成为富贵人家的乘龙快婿。中国法律禁止近亲结婚（姐姐去世，妹妹嫁给成为鳏夫的姐夫不在禁止之列），这样做是为了保证生育的子女更健康。社会强烈反对有血缘关系的人结婚，姓氏相同，也不能结婚。但是，士兵、水手的婚姻却不受这些限制。

中国男性移民的数量和事故中意外丧生的男性数量，远远多于女性。社会生活中，男女正常交往的状况也使得我越发确信，中国的男女比例严重失调，这导致女性得不到社会的尊重。当然，与前面很多观点一样，这一判断同样缺乏准确的统计数字的支持。

适龄青年中，未婚男女的比例非常低。每个人都热衷于婚事，对于年轻人来说，择偶、订婚自然是应有之事，但中老年人也乐此不疲。婚姻在中国人的生活中占有至关重要的地位，与之相关的各种交涉、礼节、书信往来、拜访、聘书和仪式，也比任何一个国家要繁琐与复杂。

乔治·N. 怀特

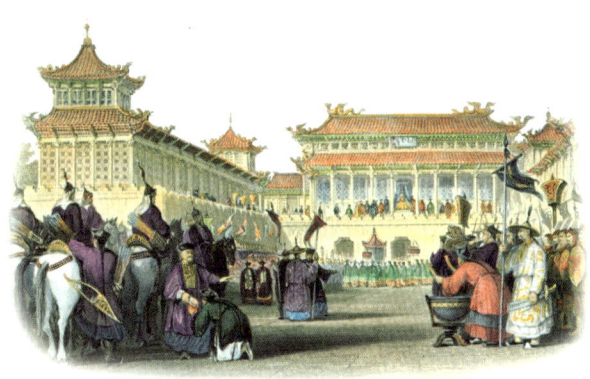

北京

热河小布达拉宫
The Temple of Poo-ta-la

满族皇帝仍旧保留着游牧时期的习俗，每到夏天便去热河避暑狩猎。旅途漫长乏味，不过好在是夏季，较之地冻天寒、昼短夜长的冬季少了许多麻烦。沿途的行宫为他们提供了舒适的住所和可口的食物。即便在热河，皇帝仍要操劳国事，同时，他还会就近抚慰蒙古的王公权贵。

宫殿和园林坐落在盆地之上，旁边是一条宽广汹涌的河流。放眼望去，四周群山连绵、巍峨，令人赏心悦目。在八旗将士骁勇的护卫下，皇帝进入小布达拉宫。这是满洲地区规模最大、最为富丽堂皇的寺庙，里面供奉着佛陀。建筑群分为主体建筑和若干小的附属建筑。主体建筑呈方形，长 200 英尺，总体设计特点完全不同于我们在中国其他地方见到的宗教建筑。该建筑高达 11 层，金碧辉煌的主殿位于主体建筑的正中心。殿堂四周布满了游廊，中央环绕着饰金的栏杆，3 座巨大的佛像分别坐落在 3 个华丽的祭台上。殿堂尽头神龛里昏暗的长明灯寓意着生命不朽，火焰一旦熄灭，就意味着生命走到了尽头。

小布达拉宫共有 800 名喇嘛。他们衣着简朴，胸前悬挂念珠，盘腿而坐，或者默诵经文，或者诵出声来，声音庄重而低沉。

热河八布达拉宫

通州府卖猫肉和茶叶的商人
Cat Merchants and Tea-dealers at Tong-chow

通州府距离北京12英里，此处运河水位较浅，不适宜平底船和载货船通行。通州城规模中等，城墙高60英尺，人口密度大。通州是乘船入京的必经之地，贸易繁荣，但人民却并不富裕。南方各省生产的物品由水路运到这里，然后陆运到北京。通州曾经在英国的历史上留下过浓重的一笔。正是在通州，英国特使阿美士德勋爵听取清朝官员讲解觐见皇帝的跪拜礼，特使拒绝跪拜，选择返程回国。特使维护国体的行为被拿破仑嘲笑是死要面子。只不过，这个时候拿破仑尚未称帝，一旦黄袍加身，他便再也无法忍受自己的大使跪拜在其他君主的脚下了。

获取足量食物是世界各地的人们进行各种活动的动力源泉。和东方人一样，欧洲人同样热爱食物，只是我们克服了鄙陋的天性，理性地追求精致的生活。在中国，几乎所有的东西都可以食用，富贵者更是食不厌杂。市场上，仆人正在为富贵人家选购食材。"市场上，人们饶有兴致地围观一个屠夫，他身边是五六条正待宰杀的狗。他的眼睛盯着街上的狗，浑身散发着死狗的臭味，身上背着、手里牵着几条低声呜咽或高声吠叫的狗。他手持一根长棍，或者是一条鞭子，保护自己不被狗咬。待回到家中，他关好大门，便开始了他的工作。"市场上，小贩们挑着担子，担子两端的篮子里装着狗、猫、鼠和鸟等动物，这些动物部分是家养的，部分是野生的，大多都还活着。一种体型不大的长毛垂耳狗，最受食客的欢迎。它们被关在笼子里，无精打采，一副生无可恋的样子。猫则不然，它不断地嚎叫，试图逃跑。一个基督徒如果目睹此情此景，必定十分难受。在基督徒看来，狗是人类忠诚的朋友，猫又是那么可爱，还可以抓老鼠。史书中曾有把猫肉制作成美食的记载。我们刚才看到的是中国东北边疆地区的野猫，它们被带到中国大城市的市场上，最终成为人们餐桌上的美味。市场上，田鼠肉的卖相还不错，清理得干干净净的胸脯肉被切成长条，串在钎子上，成排地挂在扁担上。

码头附近有出售饮料——主要是茶水——的店铺，顾客多是船夫和在街上闲逛的人。在竹竿搭起来的帆布帐篷下，小贩极力招徕客人品尝美味的茶点。柜台上，整齐地摆放着干净的杯子，另一端是用来烧水和温茶的炉子和水壶。生活中，处处可见各式各样的竹制品。茶水铺里支撑帐篷的骨架和支架，装猫用的圆篮子，挂篮子的竿子，猫贩子宽檐的帽子，顾客的手杖，货船上的桅杆、帐篷和绳索，还有雨棚的支架，以上种种都是由竹子制成的。

即便野鸟、老鹰、鹳和猫头鹰这些鸟类肉质并不好，但它们仍然是家禽贩子手里的珍贵货品。欧洲人从来没想过，也从来不吃这些鸟类。中国人最喜欢的家禽是鸭子。养鸭人用船把刚会走路的小鸭子带到泥塘或者是养贝壳的水池中，敲响铜锣或者吹

通州府卖猫肉和茶叶的商人

响口哨，让鸭子们四处散开，自己觅食。岸边小船数以百计，鸭群分属不同的船家。一旦养鸭人再次敲响铜锣或吹起口哨，成群的鸭子便会返回到来时的船上。鸭群走到船边，养鸭人便放下一块板子，供它们登船。整个场面滑稽有趣。养鸭人会惩罚那些晚归的鸭子，奖励那些温顺、听话的鸭子。他奖赏给那些最早回来的鸭子一些稻谷，抽打那些回来得最迟的鸭子几鞭子以示惩罚。因此，鸭群走到斜搭在船舷上的踏板旁边时，一个个都奋勇争先，唯恐落在后面，奖惩措施取得了圆满的效果。经常有老鸭子或者强壮的鸭子踩在小鸭子的背上抢先登船。不过，养鸭并不只是为了吃肉。雷伊先生说："在中国，你可以看到一种独特的场景，一个小贩背着一捆放干了血的鸭子走街串巷，四处叫卖。大多数家禽血会随意洒落在地上。有时候人们会把鸭血收集起来，制成血块，然后再把血块放入水中，冲淡颜色，提高质量，以方便人们食用。"

中国长城
The Great Wall of China

在早期的原始社会中，有必要修建军事防御设施以阻止游牧民族的侵扰与报复。事实证明，这些防御设施卓有成效。早期相关记载或者散佚，或者语焉不详，但是在众多国度中仍然可以发现这些设施的遗迹。在米堤亚、叙利亚、埃及、罗马、皮克特和威尔士都发现了宏伟的古代防御工事的遗迹。亚历山大大帝的继承者在里海的东方修筑了高墙，帖木儿大帝也十分重视修建防御工事以保证帝国安全。同以上种种防线一样，中国人修建长城正是为了避免草原游牧民族不定期的侵扰。不可否认的是，在专制暴政的强迫下，这些浩大的工程渗透了万千苦力的血汗甚至生命。这使得后世的游客在欣赏这些古迹时，不免兴趣大减。伏尔泰认为，金字塔是埃及奴隶制的纪念碑，塔下响彻着痛苦的呐喊。"吉萨金字塔中的两座墓主是摩索拉斯和赛浦瑞恩斯兄弟。10余万被抓来的劳工花费了20年的时间才修建好这座雄伟的建筑，每当想起这一点，埃及人便愤恨不已。"中国的长城也不例外。据说这个国度三分之一的男性参与了长城的修建。给养缺乏引起的饥饿、管理人员的酷刑以及日复一日的工作造成了40余万人死亡。"虽然长城保障了后世人民的安全，但修建长城却牺牲了一代人的生命。"人们这样认为。参与修建金字塔的奴隶人数远远不及参与长城修建的奴隶人数。这两座建筑可以说是世界建筑史上的典范。"即便将英国整个国家的建材分割成2000立方米的条石，然后将它们排列起来，也没有中国长城壮观。"

公元前221年，秦始皇登基，建立起中国第一个大一统的帝国。之后他开始着手修建长城。秦始皇派遣军队，击溃骚扰北方边境的匈奴，将他们逐出中原地带。战争期间，他开始修建长城，以阻挡游牧民族的侵扰。在中国，一些非常反感秦始皇暴政的历史学家否认秦始皇修建了长城，他们认为秦始皇只是修建了环绕陕西省的这一段长城，当时并存的列国则各自独立修建了环绕自身边疆的长城。然而，上述观点并不被大多数人认同，现在人们普遍认为秦始皇才是万里长城这一"世界奇迹"无可置疑的缔造者。

事实上，人们完全有理由相信，正是性格暴虐的秦始皇着手修筑了长城。史书记载了他勃勃的雄心，这恰是他修筑长城的原因。在吞并六国的历次战争中，六国王室中的男性成员被屠戮殆尽。最终，秦始皇得以统一中国。

统一列国、修筑长城、名载史册，足以令大多数君王心满意足。但秦始皇并不满足于流芳百世，他还要抹去被吞并的列国统治者先前的痕迹。为了实现这一目的，他下令焚毁记载各国王室事迹的书籍。这种行为前所未有，非常令人痛心。无独有偶，奥马尔[1]也曾犯下类似疯狂的罪行，烧毁了亚历山大城内的图书馆。

秦长城东起渤海之滨，几乎和北京处于同一纬度上。大块的花岗岩一块块堆积，接口之间的细缝钉子都插不进去，工程如此精致，着实不易，达不到要求便会丢掉性命，工匠们还是圆满完成了任务。长城与北京城墙在建筑风格上没太大区别，只是规模上壮观许多。它平均高 20 英尺，底部到平台和城墙高 15 英尺，女墙[2] 高 5 英尺。底部厚 25 英尺，平台厚 15 英尺。两面 2 英尺厚的挡土墙中间填充了泥土、毛石或其他松散材料，墙体粗糙的花岗岩高达 6 英尺。平台由灰砖砌成，台阶比较平缓，同样是砖石结构，可以在上面骑马。此处长城历经若干次整修，重要的关口建有塔楼，这里后来逐渐演变成为了城镇，由装备精良的重兵把守。

长城绵延 1500 英里，即便缺乏维护和修整，仍然矗立了 2000 余年。曾几何时，长城一线由东至西，数以百万的弯刀寒光闪闪。不过今天，战争的威胁已然不见，只要守护住通往关外的隘口，统治者便可高枕无忧。长城依山而建，随着山势蜿蜒或隐或现。有些地方甚至高出海平面 5000 英尺。跨越天然屏障的来犯之敌，面对雄壮的长城依然会一筹莫展。

山海关是长城临近入海口的第一道关口。它坐落在广袤的平原上，雄浑壮丽。明朝末年，驻守山海关的明朝将领吴三桂开关纳敌，引领清军入关，山海关因此而闻名于世。其他重要的关口还包括居庸关、宁武关、玉门关。

欧洲旅行者曾经创作过两幅与长城有关的图画，其中一幅画的作者为 1705 年伊斯布兰德·叶兹率领的荷兰使团的随团画家。创作这两幅绘画的画家来自不同的国家，他们不可能合起伙来欺骗自己的同胞，因此，确信无疑的是，画作中那伟大的长城肯定存在。即便他们试图欺骗，我们还有法国传教士们提供的证据，那就是他们带回国的那张完整的长城素描图。以上种种证据来自不同时代、不同人物，足以证明长城确实存在，怀疑者的质疑不成立。怀疑者认为，既然马可·波罗在游记中对长城只字未提，那么长城便不存在。然而，从下面一位公使的日记摘录中，我们可以做出推断：马可·波罗之所以没有在游记中留下有关长城的只言片语，并非长城真的不存在，而是因为他从未到过长城所在的北方。"马可·波罗在中国旅行的路线图——复制自威尼斯多奇图书馆——也证明了这一点。马可·波罗并非从北方边疆地区进入北京，事实上，他一路跟随旅行商队，先抵达欧洲以东的萨麻仁坎德和喀什，然后转向东南方，穿过恒河到达孟加拉。之后一路向南来到西藏山脉，再从川藏到陕西，然后穿过山西，最终到达元大都（北京），一路走来，他并未见到长城。"

---

[1] 传说奥马尔下令烧毁了亚历山大城的图书馆。——译者。

[2] 长城上呈凹凸型的小墙。——译者。

中国长城

通州魁星楼
The Pavilion of the Star of Hope

　　针对建筑的规格与制式，中国制定了繁琐而又严格的法律法规。在严格遵守法律法规的前提下，魁星楼繁复多样，变化万千，是通州建筑中公认的代表。绿色的原野一直延伸到院子附近波光粼粼的白河岸边。在这片宽敞的原野上，沟渠密布，池塘众多，另外还修建了众多华丽的拱桥。院子里有一座宽敞的高台，身居高位的主人便在这里接待访客。

　　我们无法从图中看到魁星楼的全貌，这里还有曲折的走廊、过道，还有阳台、厅堂等，整栋建筑至少占地一英亩。

通州魁星樓

圆明园正大光明殿

Hall of Audience, Palace of Yuen-min-yuen

中国皇帝生活之奢侈，远远出乎人们的意料。在这个幅员辽阔的国家里，即便是个小衙门，也要修建带有大殿和威严大堂的办公场所。这些建筑富于想象力，比起最初的设计丝毫不显逊色。这些壮丽的建筑是权力的象征，其中以圆明园最为宏大与华美。

圆明园属于皇家园林，位于北京西北 9 英里处，占地面积 11 平方英里。园中分布着 30 余座风格不同的宫殿，宫殿附近是供太监、宫女等服侍人员居住的下人房。这些房屋既能在宫廷庆典和节日中使用，也可以供侍奉皇室成员的下人们居住。每一座小的宫殿都包含着众多独立的部分，远远望去，就好像是一座座舒适的小村庄。园内即便是最为奢华与壮丽的宫殿建筑，也并不见得有多么坚固耐用，但是在周边众多新颖别致的配房与殿内精心打造的装饰的烘托下，显得气势非凡。

在这 30 余所华美的宫殿中，正大光明殿规模最为宏大、装饰最为华美、布局最为考究，因此也最为引人注目。大殿花岗岩台基高出地面约 4 英尺，大殿长 120 英尺，宽 45 英尺，高 20 英尺。巨大高耸的圆柱环绕在大殿四周，支撑起沉重的飞檐。稍小一些的圆柱把大殿分成了若干间。殿内隔间的内墙壁用砖砌成，高 4 英尺。墙壁上方的格子窗糊上了一层油纸，当殿内温度过高时，可以打开这些窗户通风降温。大殿顶部绘有华丽多彩的图案，图案由方形、圆形、多边形等几何图形组合而成。大殿地面上铺着灰色的大理石地板，地板严丝合缝，排列紧密，犹如西方的棋盘，非常朴素。大殿北侧正中间摆放着皇帝的御座，御座由柏木精雕细刻而成，装饰得富丽堂皇，红、绿、蓝三色的木柱支撑起了御座上方的华盖。殿门口陈列着两面半球形的铜鼓，每当皇帝走进大殿，鼓手便会敲响铜鼓。殿内陈列着传统的中国绘画、一座英式的自鸣钟，黑檀柱子上还有一对孔雀翎毛制成的团扇。这些东西摆放在御座的两侧，"正大光明"匾额悬挂在御座上方，匾额下边挂着一个巨大的"福"字。

无论是殿内支撑华盖用的细木柱，还是殿外支撑飞檐的圆柱，所有的柱子都没有柱头，只有过梁，或者突出的屋顶椽上的水平横梁能替代楣梁。楣梁下方的柱子之间陈列着色彩鲜艳、镶有金箔的木质影壁，它们制作工艺高超，令人惊叹不已。影壁上还笼罩着一层金丝网，以防止被屋檐下或檐口处筑巢的燕子破坏。

宫殿外一般都堆积着假山，挖掘出了小溪。假山上有各式各样的木雕，小溪曲折蜿蜒。河流两岸巧妙的设计充分显示了设计师超凡的创造力。湖中耸立着未经雕琢的岩石，溪谷隐藏在层层的假山后。在道观、洞穴或休息室内，随处都可以看到令人赏心悦目的园艺作品。园中的植物品种繁多，色彩各异，构成了一幅美丽的画卷。

圆明园正大光明殿

西直门
The Western Gate of Peking

　　帝国的首都北京坐落在华北平原上，距长城 50 英里。北京城呈四边形，总面积为 14 平方英里，这还不算四周广阔的郊区。北京城分为两部分：达官显贵居住的北城，平民百姓居住的南城。紫禁城所在的北城面积为 5 平方英里，南城面积为 9 平方英里。和其他大城市一样，北京的城墙高约 30 英尺，厚 20 英尺。墙体由石头筑成，上部用砖砌成，外墙是一个斜面，内部呈直角，中间填以沙土。城墙顶部水平的地面上铺着砖，可以通过城墙内的斜梯登上城头。大城墙的构造一般都是如此，伦敦的古堡也是这个构造，不同之处在于城堡的墙体填充的是混凝土。北京南城墙有三座城门，其余三面墙各有两座，这也是"九门"这一说法的由来。南墙正中的门通向紫禁城。早期北京的护城河水量充沛，随着城市规模的扩大，护城河变成了城内居民区的分界线，河水也逐渐蒸发消失。城门十分宽阔，可以容纳 12 匹马并行奔跑，城墙顶部呈很深的锯齿状。不过城墙上并没有供射击用的枪眼，清军士兵更擅长弯弓射箭。

　　从安全和防御角度出发，主城门的城墙加厚了一倍，每座城门前都留出了一块空地供士兵集合。和欧洲的要塞一样，它的入口也不是在内城门正中央，而是在一侧。城堡上面的瞭望台有九层楼高，上面留有炮眼，但是紧急情况下却起不了什么作用，这些大炮和英国商船两侧常有的装饰物一样，只是徒有其表的假货，并非真正的大炮。瞭望台上还有很多射箭用的箭窗。城墙上也有类似的炮眼，只是没有架炮，城垛上有射箭的箭窗。

西直门

北京城内的人口不足 200 万。紫禁城占据了城内的大部分地区，另外就是一些不高但占地面积很大的公共建筑。城内还有大面积的湿地和种植着蔬菜的田地。连接南城与北城的两条主街宽 100 英尺、长 4 英里，连接东城与西城的两条主街宽度相同。主街之外其他的街道肮脏、狭窄，常年不见阳光、阴沉昏暗，如同中国其他城市或者欧洲古老的城市一样。王公贵胄大多居住在街口或者胡同内，背对着大街，显然他们不那么热情好客。宅邸两面的墙壁通常是白色的，大门似乎从来也没有打开过。北京城内那四条主街上人潮拥挤，有很多人在那儿做买卖。十字路口还修建有牌楼，多是为了纪念英雄、达官或者慈善家。

街道两侧遍布着商店、客栈、茶馆与戏园子。商店门前摆放着丰富的样品，飘扬着的幌子与高悬的朱红色或绿色的匾额上写着金色的大字——货物名称或商铺字号——以招揽生意。店家也常常悬挂色彩鲜艳的幌子、旗子或彩带吸引顾客。商店售卖的货物种类繁多，店里店外摆满了各式商品。不过欧洲旅行者总感觉仿佛置身于乡村集市中，而非繁华的商业中心。这儿还有棺材铺，棺材一头大一头小，上面刷了漆，装饰着金边。走完悲喜交加的一生，一个人的归宿便在棺材里了。

主街上，一些货郎挑着装满货物的担子，来与城中的店铺一较短长，试图分一杯羹。商人们非常勤奋，"就像勤劳的蜜蜂般"不知疲倦地工作，令人印象深刻，难以忘怀。大街上熙熙攘攘，修补匠、皮匠、铁匠、剃头匠等各行各业的工匠在街边支起了摊位，卖茶水的、卖水果蔬菜的、卖小吃的等各色小贩在街边搭起了帐篷，还有商人在店铺前临时搭建摊铺摆放样品，如此一来，整个大街水泄不通，行人几乎都没办法走动。人们还可以在大街上一睹官员出行的壮观场面。有些时候，送葬的队伍和迎亲的队伍狭路相逢，悲伤的哭泣与喜庆的唢呐此起彼伏，互不相让。街道上还可以看到驮煤的驼队、推着手推车的小贩、行色匆匆的赶路人。在喧闹的吆喝声、争吵声中，人们有时还会听到一种尖锐的颤音，就像单簧口琴发出的声音，这是剃头推子剃发时发出的声响。

大街上还有一批辛勤谋生的手艺人，他们比商人还要勤快，但社会地位却低于他们。这些人包括变戏法的、耍杂技的、算命先生、江湖郎中、戏子与吹鼓手。大多数时候，拥挤的大街令人深感不便。政府要员或皇亲贵胄的仪仗经过时，往往会有八旗兵丁鸣锣开道。这些人手拿鞭子，耀武扬威。遇到这种情况，胆小怕事的老百姓难免胆战心惊，愤恨不已。你在大街上根本看不到汉族女性，即便偶尔有满族女性，也是骑着马匆匆走过。大街上没有铺砖，夏天尘土飞扬，冬天泥泞不堪，令人难以忍受。更为糟糕的是，街上没有下水道或者任何其他排水系统，由此引发的肮脏与疾病深深影响了外国人的观感，严重损害了帝国的形象。

为了让游人对帝都文明"心向往之"，热情的北京人往往会带着他们游览那拥挤、喧嚣、尘土飞扬的街道。清朝政府也允许来访的外国使团走过西直门，这里有路通往圆明园。

皇家园林
Gardens of the Imperial Palace, Peking

北京城分为南城与北城，南城住的是老百姓，北城住的是达官显贵，府衙、寺庙、学堂也集中于北城。北城的中心是皇城和皇家园林。皇城有 4 个大门，每门都有士兵守卫。皇城内还有宫城，即"紫禁城"。皇城方圆 2 平方英里，这里居住着皇族成员，只有侍候皇帝的仆从与客人才能入内。宫殿墙壁上的砖涂上了红漆，墙壁上覆盖着黄色的琉璃瓦，殿墙高约 20 英尺。

皇城内假山重叠，湖泊相连。散落在湖中的小岛、飞溅的瀑布、倒映在平静湖面上的亭台楼阁，相得益彰，别具特色。宏伟的建筑、浓密的植被，共同构成了一幅美丽的画卷。皇城内湖面宽阔，经常有皇亲贵胄荡舟其上。

皇城虽然风景优美，但并非世外桃源，暴力事件时有发生。灾荒年月，北京城内经常出现抢劫案件，这个时候，皇帝便要全力保护臣民免受侵害。在皇宫内部，也潜伏着危险。虽然皇位继承人由皇帝直接指定，但这无法避免皇子们为争夺储位而彼此间明争暗斗，甚至刀兵相向。

1813 年 10 月 18 日 [1]，趁着嘉庆皇帝去木兰围场狩猎这一时机，一群刺客闯入了皇宫。英勇的二皇子，也就是当前在位的道光帝，及时平定了叛乱，避免了国家更大的动荡。因此，嘉庆皇帝决定把皇位传给道光皇帝。

插图中高山之巅上矗立着一块纪念碑，背后有着不同寻常的故事。这是明崇祯皇帝整修的最后一处建筑，四周建筑非常华美。得到上天眷顾的幸运儿——李自成，似乎注定会开创新的王朝，他挺身反抗，击溃了软弱与腐朽的明朝军队，推翻了明朝统治。他和他的追随者起身反抗最初只是为了能吃饱饭，后来他们开始抢掠。最终，他率军抵达北京城下。面对兵临城下的叛军，崇祯皇帝束手无策。为了避免女儿惨遭叛军蹂躏，崇祯皇帝亲手杀死了自己的女儿。面对困境，他缺乏战死沙场的勇气，选择了自杀。

---

[1] 即嘉庆十八年九月十五日，天理教起事领袖林清带领 200 名教徒进攻北京紫禁城，史称"癸酉之变"。——译者。

皇家园林

道光皇帝阅兵

Emperor Taou-kwang Reviewing his Guards

　　社会中总有一些不逞之徒，他们希望获得更多的权力和更大的自由，这些人便会对帝位构成威胁。八旗军是清朝预防和镇压叛乱最主要的军事力量，皇帝对他们青睐有加。尽管皇帝信任、宠爱他们，不过一旦发现这些人滥用职权或玩忽职守，皇帝也会对他们施以严厉的惩处。

　　新年初始，紫禁城午门前会举行一年一度的阅兵式。皇帝亲自检阅，文武要员分列两厢。道光皇帝端坐在宝座上，俯瞰负责保卫皇室的禁军——八旗骁勇中的精锐——整齐划一地操练。

　　执行护卫任务的时候，这些满族勇士们忠诚勇敢。但是日常生活中，他们作风不正，军纪很差。

　　检阅仪式上，将官们的盔甲造型繁复，造价高昂。他们的头盔呈圆锥形，外表光滑，头盔顶上装饰着彩色流苏的缨枪长约 8 英寸。他们身穿满是甲钉的蓝色棉甲，脚蹬黑缎毡靴。镶嵌着各色宝石的刀柄、弓背、火枪托在日光下闪耀着寒光。士兵们的军装不如将官们华美，但也别具风采。绘有虎皮条纹的战袍、虎头模样的头盔、雕有龙虎图案的盾牌，无不表明这是一支虎贲之师。阅兵仪式庄严威武，总会令皇帝满意。禁军唯一的任务就是守护紫禁城，私底下也会经商。欧洲人并不喜欢这些军服，即便它们既华丽又昂贵。检阅期间，军旗招展，战鼓雷鸣，仪仗威武，无不体现出中国人眼中的皇家气派。检阅过程中乐队还要奏乐，鼙鼓铜琶，笛箫齐鸣。

道光皇帝阅兵

官员之间的拜访礼节
Mandarin Paying a Visit of Ceremony

在东方国家，官员和富商多是乘坐轿子出行。他们很少乘坐马车，主要是道路交通不方便，而这些人又很喜欢出游。中国历史悠久，人口众多，官员和普通百姓之间差别明显，政府也无意消除这种差别。达官显贵们一向视普通百姓如蝼蚁，绝不会屈尊步行，与普通百姓为伍。不论路程多近，他们也只坐轿子。

中国官员之间的往来还与英国贵族之间的交际相似，只是更为奢侈。中国的轿子没有轿门，轿子前面挂有装饰着流苏的帘子。轿子顶端向上凸起呈拱形，上面盖着绣着银丝的幔帐。轿子侧面是两根承重的竹质轿杆，两端的绳子把轿子和轿杆连接起来。轿夫肩扛的短轿杆拴在连接轿子和长轿杆的绳子上。一共是4个轿夫，前后各2人。为了保证行进速度，避免轿夫过于劳累，轿子后面还会跟着4名轿夫，好在适当的时机轮班。不同品级的官员轿夫数量有严格的规定，不得僭越。

轿子前面还有一班鸣锣开道的衙役。跟班衙役的职责各不相同，这可以从他们帽顶子上翎毛的样式来区分，其中包括专门负责撑伞的衙役。鸣锣开道，是为了显示出行的排场，威慑路旁的百姓。衙役们身穿号服，一路耀武扬威，用棍棒驱赶那些阻拦或者围观仪仗的老百姓。队伍来到受访者的宅邸前，跟班要向门房递上考究的红色拜帖。拜帖上面写着来访者的官职、头衔和造访目的。如果客人品级比较高，主人就会亲自到大门口迎接。如果来访者品级比较低，主人一般不会出迎。这种现象并非中国特有，很多文明古国也存在这种习俗。

见面之初，主客彬彬有礼地寒暄，他们互相拱手抱拳，说些"许久不见，别来无恙"的客套话。而拜访尊贵之人，往往要行叩拜大礼这种正式的礼仪。拜访结束后，来访者坐上轿子，在衙役们的喧嚣中渐行渐远。

官员之间的拜访礼节

官员府邸晚宴
Dinner Party at a Mandarin's House

在西方人看来，清朝官员的府邸更像是一座收藏艺术品的博物馆，而不单单只是住宅。官员们凭借自己的聪明才智考取了科举功名，从政做官，赢得百姓的尊敬，他们的物质生活也随之提升。官职越来越大，府邸不断变动，越来越宽敞、华丽。府邸内的房间摆设既豪华又精美。亚洲很少有国家使用椅子，但中国是个例外。那些权贵之家的椅子上还铺着真丝垫子，垫子上有精美的刺绣。

进餐时，宴会上充满了繁文缛节。主人会频频向客人敬酒，客人还要回敬。筷子是中国人的主要餐具。当宴会上有欧洲国家的外交使节时，他们还会准备刀叉。

房间的一角还有戏班在表演，整个宴会乐声不断。但是对于欧洲人来说，表演过于嘈杂，令人难以忍受，总是盼望着它能早些结束。戏曲演出之后，还有戏法、杂技表演，这往往令人叹为观止，大开眼界。

官员府邸晚宴

达官的内宅
Apartment in a Mandarin's House

官员家里的内宅最能体现清朝流行的生活方式。不同于古希腊和古罗马,中国的官员不在意公共建筑的外观是否壮观华丽。不过在室内装饰方面,中国还是可以与古希腊或古罗马一较高下。庞贝古城中发现的房子就是一个很好的例证。毫无疑问,中国人的室内建筑理念并非源自罗马,但我们从记载中发现两国的室内设计十分相似。我们可以推论,两国人民的生活习惯应该非常接近。于是我们好奇:那被埋藏在地下的庞贝城曾经究竟发生过什么?在这里,请允许我插入一段对庞贝私人住宅的描述:"这些私人住宅房间众多,包括餐厅、卧室、画廊、书房、卫生间等,门廊两旁种着盛开的鲜花与茂盛的灌木。卧室的墙上挂满了图画或者镶嵌了浮雕,这可能会让一些人感觉不适。地板上镶嵌着精致、美丽的图案。对于现代人来说,这些装饰过于奢华,使得房间整体不够温馨舒适。整个庞贝古城,只有迪奥梅德的别墅[1]中有镜子,所有的房间中都没有壁炉,没有通风口。女子的闺房面向花园,这种风俗在东方依然存在。"

与古代罗马一样,中国家庭住宅里的卧室数量虽多,但是单个面积很小。卧室通常呈正方形,远离住宅大门与前廊,以免外人打扰。从门房、主厅、门廊出发,走在那曲折、昏暗、狭长的过道上,不熟悉周边环境的人很难找到这些卧室。整栋建筑——包括走廊、配房、亭阁、墙壁——并不坚固,根本无法阻拦强行闯入的强盗。中国人相信这些简单的设施便足以保证人们的安全,这表明中国人的自信与傲慢是多么幼稚可笑。

住宅内,货郎正在向官员一家推销商品。在波斯、印度等东方国家,人们习惯铺设昂贵的地毯,或在躺椅上铺着厚厚的毯子。但中国和欧洲一样,人们习惯用桌椅和沙发。图片中,夫人坐在铺着坐垫的竹椅上,丈夫站在妻子旁边,背靠窗户抽烟。在中国,在会客厅抽烟十分正常,虽然英国人不以为然。夫人正专心聆听货郎的讲解。季节变迁,她需要合适的衣物。图中男主人胸前的挂珠,显示他的官位品级应该不低,并非简单的装饰。

---

[1] 迪奥梅德别墅,庞贝古城内一所现代化的酒店。——译者。

达官的内宅

官宦家中的杂技表演
Jugglers Exhibiting in the Court of a Mandarin's House

　　宴会后，主人邀请客人到院子里，观赏杂技表演。此刻，院子内已是人头攒动，有带着卦签的算命先生、手拿纸牌和骰子的技法纯熟的魔术师、翻跟头的、打把势的。这是力量与技巧完美结合的一种技艺，四五只球、杯子或刀子被抛到空中，在一个人手中，它们坠下又被抛起。在英国你也可以看到印度人表演类似的节目，但却很少使用刀子和球一起表演。杂技表演，中国人显然天赋更高。一个表演者前额抵在竖起的木架上，仅依靠头部支撑起倒立的身体，同时蹬动双腿，驱使铁环转动。整个过程，他注意力必须高度集中，一个不留神就会摔个头破血流。在中国，常见的杂技表演还有：舌头串珍珠，吞剑，凭空变出盛满水的水盆，或者是栽有植物的花盆，变化物体颜色，一个水壶倒出几种不同的酒，吞吃掉很长的纸条，然后再吐出来。还有一种铜环表演，表演者先让观众检查铜环，确认铜环是完好的，然后将铜环抛入空中。铜环会在空中变出两个、四个，甚至六个大小一样的铜环出来。待到它们落入表演者手中，这些铜环会组成不同的形状。总之，中国的杂技表演种类繁多，令观者眼花缭乱。

官臣家中的杂技表演

达官显贵的亭阁花园
Pavilion and Gardens of a Mandarin

　　图中的花园完美体现了中国工匠丰富的想象力和卓越的创造力。这座美丽的花园坐落在一个皇亲国戚的府邸内。前景是一条又长又宽的游廊，这里很适合家眷们消遣娱乐。高大的木柱支撑起了游廊，游廊两侧安装有木质栏杆。桥下那宽广的小溪，令人神清气爽。一座典型的中式重檐阁楼矗立在岸边。远处一条漂亮的石桥横跨小溪，一座宝塔高耸入云。在中国，美丽的屋顶随处可见，屋顶的形状好像一朵倒垂的莲花，有些门窗式样同样受到自然景物的启发。莲花是佛教圣物，人们相信它可以给人带来幸福。桑叶在中国也很重要，因此，在大门上、房间的窗扉上，以及很多建筑上都可以看到桑叶形状的花纹。在游廊上，还有众多其他的装饰物，如瓷瓶、华丽的宫灯、彩绘的人像。中式栏杆和格栅，在英国有一个很奇怪的名字——"特拉法尔加图案"，它们传到英国还不足 40 年。在一些古老的建筑内，我们还能在一些古董橱柜上看到这些图案。图中游廊内的一些花坛上就绘有这种图案，另一些花坛上则绘着横斜的梅花。

　　顺着右侧阁楼的楼梯走下去，便可以来到后宅。家中的女眷即居于此，她们一般不会到前院去。楼的左侧是卧室，还有其他房间，房间的前门敞开，门上还有格栅，这些门窗大多是方形或者圆形。

达官显贵的亭阁花园

玩牌的贵妇
Ladies of a Mandarin's Family at Cards

妇女在社会中的地位能反映一个国家的文明程度。一个尊重女性的国家会制定一系列的政策以保证国民的幸福生活。然而，在许多专制腐败、权力横行的亚洲国家，人们对女性的爱慕仅仅建立于容貌之上。对女人来说，美貌带不来安逸的生活、多情的丈夫。相反，一个女人越是美丽，越可能被禁闭在深墙大院内，过着与世隔绝的悲惨生活。女人命中注定要顺从丈夫，这是她们最明智，也是唯一的选择，但顺从与牺牲丝毫改变不了丈夫暴虐的性格和粗鄙的习惯。在东方国家，妇女们深居闺房内，只能一再牺牲与忍让，她们甚至还要为丈夫新娶的小妾准备婚房，以消除丈夫无端的猜忌。而丈夫们猜忌成性，经常会无缘无故地辱骂妻子。这些女性好像囚徒一般，完全没有机会参与社交活动，这不可辩驳地表明中国的文明程度很低。

中国社会禁止妇女抛头露面。如果她们要外出，不能步行，只能坐轿，这不是为了遮风挡雨，而是为了躲开陌生男子的目光。即便是家境一般的女孩子，出门也必须要坐轿。与上层妇女相比，底层妇女的处境更为可怜。上层妇女好比温室里的花朵，明艳美丽，惹人怜爱；底层妇女则好比森林中的野花，一经盛开便被采摘，然后迅速枯萎。在贫民居住的地方，经常可以看到背着孩子的妇女收割稻谷、采摘棉花、纺纱织布，而男人们却在一旁抽烟打牌。

图中官僚家庭中的妻妾们正在花园内的凉亭下打牌。这个国家和土耳其一样，也是一夫多妻制，只是没有土耳其那么普遍。凉亭内部是佛堂，佛堂内的壁龛上供奉着佛像，佛像四周放置了各种装饰品。一道华丽的门帘把礼拜者与外面隔开。中国没有宗教的礼拜日，她们只能在佛堂里表达自己的真实情感，诉说自己的内心世界，寻求精神安慰。然而，矛盾之处在于，妇女们会在神圣的佛堂前聚众打牌。她们被剥夺了社交的权利，只好通过打牌来打发时光。牌桌上，很容易发现玩牌者之间错综复杂的矛盾。

中国的游戏种类丰富，要玩者技巧高超。她们的牌比欧洲人的牌要长些、窄些，张数也要多一些。散场后，她们中的一些人便要抽口烟，这些人很小的时候便沾染上了这一恶习。妇女们随身携带着丝质口袋，专门用来放烟丝。当你明白她们的生活究竟有多么苦闷和无聊的话，你便会理解她们为什么要抽烟。虽说中国妇女的处境比土耳其妇女要好些，但仍然值得同情。孩子是母亲仅有的慰藉，但是父亲对待孩子却异常粗暴，令人愤慨。在这个国家里，父亲在家庭中享有绝对的权威，说一不二，他可以决定女孩的死活。在中国，孩子超过 10 岁，便会从母亲身边被带走。这个时候，母亲便会想尽办法，解决随之而来的空虚与寂寞。她学习绘画、刺绣、养鸟、养鱼、念经拜佛，偶尔才有时间去看望孩子。两个人就下下棋，人多了就打牌。深墙大院中的她们想尽办法来打发时间，消磨着无聊的时光。

玩牌的贵妇

贵族女子的闺房
Boudoir and Bed-chamber of a Lady of Rank

与英国上层社会女性的房间不同，中国达官贵人家女子的闺房家具不多，装饰也很朴素。在中国，女性的闺房只有丈夫、孩子和女眷才能入内。因为共同的审美原则与风俗习惯，达官显贵府内大多收藏有传统的中国工艺品，以彰显主人身份的高贵。处于弱势地位的女性也可以在闺房后面建个小花园，花园内有湖泊、田园风格的小桥，以及精美的假山。

中国上层女性生活方式相同，欧洲上层女性也是如此。房间的装饰和布置很能说明某一特定阶层的特点。（门廊）灯笼是最能代表中国民俗的标志，每一个屋檐下都悬挂着灯笼。这些灯笼，或者是纸糊的，或者是丝制的，也有用兽角制成的，选材考究、制作精美、色彩鲜艳。卧室在房间最里面，床总是放在离门最远的地方，四周悬挂着丝绸或棉纱织成的帐子，冬天防风保暖，夏季阻挡蚊子。

中国人很早就开始使用玻璃镜子，但在世界范围内，玻璃制作工艺长期没有取得重大进展，即便欧洲也要进口。镜子为女性的闺房增添了许多便利。躺在床榻上，她们就能清楚地看到室外美丽的风景和路过的行人。这些镜子比英国上好的书写纸都要薄，镜子背面精心涂上了一层水银。

夫人们都有众多的使唤丫头，她们平时严守礼法，神态严肃，享受着婢女们的精心侍奉。不过，如厕时婢女不能在旁边。这些美丽的女性也抽烟，但并不让人觉得讨厌。她们手捻精致的烟袋，对镜打量自己美丽的妆容。贴身丫鬟忙于为主人打理发饰，为她们插上鲜花、珠宝、发簪和漂亮的丝带。未出嫁的少女留有长长的额发，两条大辫子垂到腰间。结了婚的女性要把头发盘在头上，挽一个发髻，用金簪或银簪固定，发髻上插满装饰。清朝官员的夫人们读书很少，音乐是她们生活中不可或缺的消遣。有时候她们听家中的丫鬟唱小曲，有时也会请来外面卖唱的女子为她们演奏琵琶或柳琴。

梳妆台上摆满了胭脂、彩绘的香炉、精美的蒲扇、小巧的鞋子、毛笔、瓷瓶等。只有在精心打扮之后，女性才会符合中国传统的审美标准。比如，柳叶弯眉最美，那你就要用眉笔画出来；肤如凝脂最美，那你就要擦上脂粉。如果让女性在娇艳的玫瑰和淡雅的百合之间选择，毫无疑问，她们会选择前者。不过进入中年，当岁月带走她们红润的脸庞，送来灰白的银发时，身为人母的她们不再关注自己的服饰与外表，而是用心打扮自己的女儿。她们衣着朴素，发丝平滑，也无需鲜花、珠宝和丝带来掩饰真实的年龄。中国社会以老为尊，老年人地位很高。随着年龄的增长，她们的美德也得以彰显。

贵族女子的闺房

灯笼铺
Show-room of a Lantern Merchant

　　每个国家都有其独特的习俗和风尚，它们形成于历史的长河中，彰显着每个民族的特色。提起一种风俗，我们便会明白是哪个国家。挂灯笼是中国的传统习俗。每当夜幕降临，街上的行人必须要提一盏灯笼，灯笼上写着主人的名字和住址。违反规定的人会被逮捕，接受惩罚。同样，马车上也要悬挂灯笼。在广州等沿海城市的内河中，川流不息的船上灯光闪烁、连绵不断。

　　灯笼制作材料多样，造型各异，几乎涵盖了所有几何图形，如球形、方形、五角形、六角形等等，支架的材质有木材、象牙、金属等等。在设计和图案上，这些造价高昂的灯笼体现了工匠高超的工艺水平。人们很少用玻璃制作灯笼，但会用牛角、丝绸、牡蛎壳、纸张、纤维网或者薄纱替代。薄纱上涂亮漆，这种漆是从印度群岛的一种海洋黑藻中提炼而来。

　　灯笼商的陈列室都很时尚，一直以来长盛不衰。事实上，古往今来人们始终用灯笼装饰房屋，这种习惯永远不会改变。因此，灯笼一直都有很大的市场，灯笼制作商激烈的竞争注定不会停歇。灯笼图格上面的图案会随着时间而变化，就像欧洲的丝绸制品和纺织品一样。因此，清朝的官员们就需要时不时逛逛灯笼铺，买上些最时髦的灯笼，用来装点妻女的房间。这对他们来说是一种家庭责任。

　　一个巨大的中国灯笼在海德公园悬挂了好几年。即使在中国，人们也只能在国家庆典中见到这么大的灯笼。馆长描述道："灯笼高 10 英尺，直径 4 英尺，镀金的框架上精心雕刻着花纹，框架外包裹着红白相间的丝绸以及精美而昂贵的刺绣。灯笼周身悬挂着多达 258 条流苏和各种珠饰，搭配得非常协调。总而言之，在最豪华的灯笼上，我们可以看到这个民族最高水准的雕刻技术、镀金技术、丝织工艺、刺绣工艺和珠饰工艺。"

　　从透明材料制成的灯笼格子中，我们只能看到微弱的灯光。灯笼内的灯芯浸在灯油里，如果想增加亮度，只有多放一根灯芯。灯油质量很好，燃烧很旺，也没有黑烟。

灯笼铺

八旗士兵
Tartar of the Chinese Army

基恩·麦肯齐先生在《中国第二次战斗的相关情况》中写道："顾名思义，8 支部队以不同颜色的旗帜来区别。黄色是皇室的颜色，正黄旗等级最高。接下来是正白旗、正红旗、正蓝旗。另外 4 支军队军旗主体和以上 4 种类似，只是边缘会镶上另外一种颜色。每一旗军队包含 10000 名士兵。汉军俗称绿营，使用绿色的旗帜。黄色旗帜的正中绣有龙的图案，代表帝王。"

清朝军队中，八旗军是职业军人，负责对外作战。军队分骑兵和步兵两种。北方地区八旗军骑兵的主要装备是剑和弓箭，这些武器远远不如老式的"燧石枪"，比起现代英国士兵装备的迷你枪和艾菲尔德式步枪，差距就更大了。但是比起笨重的火绳枪，弓箭还是更好用。步兵和弓箭手级别一样，他们装备着火绳枪、长矛、标枪和短刀。他们把短刀挂在身体左侧，必要的时候可以很方便地从背后抽出来。如果要从前面拔刀，则会把手臂暴露给敌人。我们从基恩·麦肯齐先生那里了解到，欧洲也存在和火绳枪类似的老式武器。长矛和标枪品种很多，造型各异，但是刀锋宽且长的那种最受人欢迎，这种武器攻击范围足以覆盖身体的大部分要害，英军在鸦片战争期间第一次发现了这种兵器。八旗步兵可以娴熟地弯弓射箭，达官显贵使用的弓箭造型和普通的弓箭相似，只是材质有所不同。射手们轻轻抖动，便可把弓弩紧紧地绑在身上。弓箭往往做成方形，以方便四轮马车运输。

关于八旗子弟的战袍，基恩·麦肯齐先生描述为："浅蓝色外套镶红边，或者是红色外套镶白边，垂及膝盖的蓝色束身内衣。"但是走遍大江南北的俄罗斯旅行者蒂姆博斯基却说，战士们的衣服"除了束身的外衣，其他和老百姓一样。束身外衣的颜色由士兵所在部队军旗的颜色决定，也就是镶边的黄、白、红、蓝这四种颜色"。他补充道："战争时期，士兵们头戴钢盔，身穿护甲，手持竹制或柳条编成的盾牌。"1840 年，在舟山与清军作战的英军发现清军的棉衣和头盔内都装有铁板，这和欧洲中世纪战士的装束相似。

八旗兵丁一个月的俸禄是二两银子，每天大致是五分，另外还发放些粮食作为津贴，绿营汉军士兵的俸禄仅仅相当于八旗兵的一半。"差距原因如下：首先，八旗军是常备军，士兵大多远离家乡，饷银是他们唯一的收入来源。其次，统治者需要这些士兵为他们卖命，就必须要慷慨，偏袒、厚待他们。"

版画中的八旗兵丁正在执勤。

八旗士兵[1]

---

[1] 上图由英国画家威廉·亚历山大（William Alexander，1767—1816 年）绘制。威廉·亚历山大曾跟随马戛尔尼使团访华，著有《中国的服装》（1805 年）、《中国人的服饰和风俗图鉴》（1815 年）。——译者。

禁卫军
The Tiger-Guard

北京城内保卫皇帝的禁卫军，全部是满族士兵。统辖部队的将军不受地方政府的管束。将军有两名副官，称为都统，统领着左右两翼，因此也称为左都统、右都统。将军本人朝服上绣有虎头，顶戴上插着三眼花翎。

北京的满族军队由旗帜各不相同的八部分组成。他们分别为：（1）前锋营，将士从满蒙八旗中挑选，有八名前锋参领。（2）步兵营，步兵统领一人，左右翼总尉各一名。（3）火器营，由满蒙八旗统辖。（4）健锐营，同为满蒙八旗统辖。（5）先锋营。（6）马步营。（7）训鹰营。（8）善扑营。这些军队和平时期驻扎在北京城等大城市，一旦外敌入侵或国内发生叛乱时，才会被调到前线。部分满族士兵则一直在城内执行任务。

皇帝的侍卫被称为虎将，他们身穿黑黄条纹相间类似虎皮的军装。篾条编织而成的帽子上有两只耳朵，篾条编得很紧，足以抵抗武器的攻击。盾牌也是由竹片编成，上面绘有老虎等猛兽的图案。

弓箭手
The Archer

前文说过，中国军队仍然使用弓箭。版画中骁勇的弓箭手志得意满，不可一世。

在中国，长久以来弓箭手一直为人们所尊重，享有崇高的社会地位，大多数男人都梦想成为一名弓箭手。但对于现代社会的欧洲人来说，箭术和击剑只是两种流行于绅士和军官之间优雅的运动项目，而不是战争中双方厮杀的技能。

战斗中，欧洲的枪炮比起中国的弓箭性能更优越。不过在中国，在马背上弯弓射箭，精准地射中目标，仍被视为一种很高超的技艺。在训练手册中仍然明确要求士兵必须掌握射箭技术，并且还把射箭分为两种：战争中杀敌的技能与和平时期的娱乐方式。

传教士瑞福·米尔恩曾在中国生活多年，他在 1843 年的一篇文章中如此描述弓箭手："训练场距离我的住所仅有两分钟的路程。一天吃完早饭，待到骑兵和弓箭手离开后，我急忙赶到训练场。场地长 200 码，宽 50 码。部队长官坐在帐篷下，普通官兵站立在校场中。弓箭手排成两列，8 人一个小组，等候分配任务。之后，他们出发奔往分配的场地，士兵们纵身上马，全速前进，在马背上挽起了弓箭。当捕获到足够的猎物后，他们便会回营，跪在长官面前，等候评判。距离天棚大约 60 码的地方，高高的竹竿上挂着草席做成的靶子，靶子上画着三个套在一起的红圈，最中心的那个红圈是靶心。奔驰的骑手弯弓射去，每当有人射中靶心，人群中便会爆发出一阵热烈的掌声。"

禁卫军[1]

[1] 上图由威廉·亚历山大绘制。——译者。

弓箭手[1]

---

[1] 上图由威廉·亚历山大绘制。——译者。

运河沿岸

天津戏院
Theatre at Tien-tsin

"天津卫是直隶省内的一座中等城市，贸易发达，人口众多，经济远比其他城市富庶。它位于帝国大运河和海河的交汇处，管理华北沿海沿岸盐政的官府便坐落在这里。运输东北原木的大船驶过辽东湾后，统统在天津卫卸货。"以上是马可·波罗对天津的描述。他的足迹遍布中国众多的城镇，对这些地方的了解远远超过其他欧洲旅行家。

尽管之前的旅行地图已经过时，但仍旧包含这个城市的大部分区域。长久以来中国人的生活方式没有太大的变化，这些地图依然可以使用。

生活在繁华都市中的人们，不到筋疲力尽的时候，是不会休息的。城市中遍布着丰富的娱乐设施和大大小小的饭馆，饭馆和戏院往往人满为患。天津就是这么一座热闹的城市，既是商业之城，也是娱乐之城，长久以来便是如此。

那些到过天津的欧洲人把天津比作中国的利物浦。作为一个商业城市，它非常开放好客。相比其他城市，外国人在天津可以享受到更多的自由。运河岸边向东2.5公里，修建有码头、工厂、仓库和造船厂。密密麻麻的大小船只塞满了河道，中间只留有一条狭窄的通道，维持水面交通的水警往来其间。

并非所有的人都是旅行者。在为数众多的船上，其中很大一部分人以船为家，全家都住在船上，过着水陆两栖的生活。"他们不习惯陆地上的生活，偶尔有事要办时才会登岸。"英国使团曾经两度路过天津。在他们笔下，天津商业发达，人民富裕、自律、文明，给人以深刻的印象。在天津短暂停留时，使团见识到了罕见的大场面。甲板上、浅水处、斜坡上密密麻麻地挤满了围观的人。人群中，遮阳帽宽广的帽檐很容易遮挡观者的视线，于是，人群不停地变换姿势，人头攒动，如同翻滚的波浪。正午时分，温度高达90华氏度（32摄氏度），这么多的脑袋汇集在一起，蔚为壮观。运河沿岸，圆锥形的盐山被被子遮盖得严严实实。使团经过时，当地人把大量的食盐堆砌起来，好像一座金字塔一般。这种场合下，大家的好奇很容易理解，没有发生骚乱也令人惊奇，这是因为大家尽力为其他人提供方便。这种场合不允许警察和军队出现，人群中也没有发现他们的踪迹。

总督官邸前停泊着一艘官船。码头上搭建有临时的戏台，戏台后乐队正在演奏，举行一场盛大的戏曲演出，以招待使团的贵宾。戏台上表演者脸上的油彩五颜六色，涂抹得十分均匀，在鲜明的对照下，产生出动人心魄的艺术效果。戏台前方正对着运河，舞台富丽堂皇。整整一天，舞台上演出不曾间断，各种剧目轮番登场。演员们身穿戏服，扮演不同时代的人物，在锣鼓唢呐等乐器的伴奏下，唱念做打，精彩纷呈。演员们在登场时都会自报家门，念上一首上场诗。外国观众不懂汉语，演员们便在戏台上搭建写实性的布景，以帮助观众理解剧情。

天津戏院

天津的游医
Itinerant Doctor at Tien-sing

　　随着社会的进步，人们的生活越来越方便，越来越舒适，某些不良现象也随之而来，严重影响了人们的生活质量。这些现象包括贪婪、赌博、吸食鸦片、抽烟、讲荤段子，还有轻信骗子、算命先生和庸医的话。天津作为重要的商业城市，往来的人如潮水般，吸引了大量江湖郎中。在人流密集的公共场所，熙熙攘攘的街道旁，人们经常可以看到江湖郎中庸俗下流的表演。

　　骗子们是这个社会的毒瘤，江湖郎中是所有骗子中最狡猾却最受人欢迎的一种人。他们打着行医的幌子吸引周边的人们，即便是那些公开指责他们的人私底下也会购买他们的祖传秘方。这使得骗子们更加肆无忌惮。江湖郎中把贴有纸条的各式各样的瓶子、罐子、袋子、图片以及不知什么名目的膏药放在一条普通的长凳上。纸条上写着金色的字，内容是药物的名称、针对的症状，以及治愈的患者的名字。与病人交谈、沟通是中国医生必须具备的，也是最重要的技能。医生能言善辩，患者才会请你为他治病，而患者对医生的信心，也有助于患者的康复。人们无法永远铭记一件事情，无论这件事情曾给他带来多少痛苦。因此，一次小事故并不会影响江湖郎中的名声，他们可以轻而易举地洗刷掉过去的污点。宁可信其有，不可信其无。为数众多的瘸子、瞎子和聋子正是怀着这么一种侥幸心理，聚集在江湖郎中的摊位前，希望可以借助那些神乎其神的药品和医术恢复健康。这种心态普遍存在于弱者、病人和愚昧者身上。

　　图中柜台后的江湖郎中正在滔滔不绝地向围观者推销一种治疗蛇毒的药物。旁边，一位助手正在表演吞吃毒蛇，另外一名胆小的助手负责销售。江湖郎中站在凳子上，一手拿着药物，一手抓着毒蛇，神采飞扬。

　　"毒蛇与解药、生与死都在他的掌握之中。"

　　毒蛇经过严格的训练，它曾多次试图攻击骗子，但骗子总会灵巧地躲开。此举意在招徕人群围观，让人们意识到自己可能会遭到毒蛇的攻击，必须预备解毒的良药。之后，他从柜台上拿起一个袋子，从袋子中取出一颗药丸。毒蛇再次发起攻击，他便拿药丸遮挡，靠近药丸时，毒蛇便猛地回缩并且极力挣扎，试图远遁。如果这个时候，围观者还不纷纷解囊买药的话，骗子还有更绝的一招。他在前额、面颊、手上抹上解药，把头靠近毒蛇，这个时候，毒蛇乱了方寸，避之不及。

　　俗话说："眼见为实。"看到这个场景，围观者深信不疑。他们纷纷打开荷包，争相购买，药品价格低廉，往往会销售一空。

天津的游医

抽大烟
Opium Smokers

鸦片进入中国以来，吸食人数逐年增长，看样子很快就会遍布全国。1821 年，中国消费了 4000 箱鸦片，1832 年便增长到了 2 万箱。清朝政府很早就意识到了吸食鸦片的害处，想尽办法禁止鸦片流入。早在 40 年前，两广总督便苦口婆心地劝导甚至威胁人们不要走私鸦片，但并没取得效果。后来，他又从经济方面谈论鸦片问题："外国人向中国贩卖鸦片，获得了巨大的利润。如果国人仍旧盲目地吸食鸦片，那只会是死路一条。这件事太可怕了，也太可耻了。"

政府实行很多措施，比如加重鸦片进口的税率、宣传吸食鸦片的危害、严惩贩卖和吸食鸦片的人，但都无济于事。鸦片的吸引力太大了，短短几年时间，便在全国泛滥开来。鸦片贸易对中英两国的贸易产生了重大影响，中国由出超转为入超，每年外流大量白银。

吸食与贩卖鸦片的人数众多，稽查官员的力量显得微乎其微。法律规定，鸦片贸易一经发现，买卖双方各杖一百、戴枷示众两个月。知情不报，视为同伙，杖一百、流放三年。事实上，这些严厉的惩处措施没有取得预期的效果。很少有人举报鸦片贩子，他们不忍心因为小小的几磅鸦片就害得邻居戴枷示众、挨板子，甚至流放他乡。于是，很多败家子、赌徒、酒鬼、恶棍变成了大烟鬼。鸦片也成为引发中国刑事案件的罪魁祸首。对于那些早已声名狼藉的人来说，吸食鸦片烟算不得什么罪过，然而，很多吸食鸦片的人为了筹措毒资，从受害者变为施害者，坠入万劫不复的深渊。

抽大烟

踢毽子
Playing at Shuttlecock with the Feet

临清府著名的宝塔周围总是非常热闹，吸引了各式各样的江湖艺人和为数众多的骗子。这里汇聚着杂技演员、小丑演员和各式江湖艺人，他们使出浑身解数招徕观众。这里还有深受欧洲人喜爱的、精彩的木偶戏表演。如果没有各式骗术和盗窃行为，这里注定是欢乐的海洋，令人心情舒畅。不过，这里也聚集了很多赌徒，他们斗鹌鹑、斗蛐蛐、猜拳行令，进行各式各样的赌博行为，引人走向堕落。

一般情况下，赌博场所周围会聚集起一批看客，他们兴致勃勃，同时也非常谨慎。他们在一旁抽着烟，显然并不急着参与进去。还有一些成年人在看杂耍表演，或者参与到一些孩子的游戏中去，尽管有些不合时宜，但这些活动比起赌博来无疑更为健康。踢毽子是一种健康的运动。大家的参与热情远非西方人可以想象。在西方，踢毽子的主要是青年男女，部分地区只有男孩子才踢毽子。但是中国则不然，即便是五大三粗的中年男人也非常喜爱踢毽子。这项运动没有球门，运动过程也不允许用手。踢毽子主要靠鞋帮，有时人们直接打赤脚，有时候也会穿笨重的木鞋，木鞋与毽子的撞击声为整个运动增添了极大的乐趣。五六个人围成一个圈，毽子在大家之间传递，参与者既可以用脚，也可以用手，总之必须保证毽子不落地。失败者被罚出场，依次淘汰，直至最后一个人为胜者，胜者会有奖品。

踢毽子

九月九海关放风筝

Kite-flying at Hae-kwan, on the Ninth Day of the Ninth Moon

除了打板球、斗鹌鹑、踢毽子、猜拳等娱乐方式外，放风筝也深受中国人的喜爱。

中国人制作风筝的技术已经达到炉火纯青的境界，他们制作出来的风筝结构巧妙，外形漂亮。竹篾轻巧又灵活，经常用来制作风筝的骨架，骨架上缠上一层棉布或丝绸，还装饰着各种美丽的小物品。他们富于想象力，把风筝制作成各种动物的模样，诸如苍鹰、猫头鹰，以及其他各种各样的飞鸟。人们还会给它们画上羽毛，用玻璃球充当眼睛，这些风筝在高空中展翅飞翔，栩栩如生。

每到九月初九，家家户户无论男女老少，都会来到郊外，放飞风筝。在这座风景秀丽的山上，聚集了众多放风筝的市民。夜幕降临前，放风筝的人会斗风筝，风筝互相碰撞，彼此缠绕，以割断对方的风筝线。如果最后风筝线还没有断，那么人们就会把风筝托付给风，他们撒开双手，任由风筝飘向高空。中国人还在风筝上穿了许多孔，一旦有风吹过，它们便会像琴弦一样发出持续的嗡嗡声。当天空中飘扬着众多风筝的时候，清脆响亮的乐声不绝于耳。

九月九海夫放风筝

东昌府兵站旁的食摊
Rice Seller at the Military Station of Tong-chang-foo

　　在东昌府运河沿岸，游客经常会看到一群人聚集在一起吃饭。收费站设置的关卡处，纤夫们在等待雇主付费的时候，抓住机会休息一会儿。镇守关卡的士兵列队穿过，雇主趁着这个机会，也会孝敬一下负责的军官。食摊的凉棚下，围坐着一圈吃饭的客人，他们摘下帽子，整理一下辫子，待到女店主盛好食物，他们便开始狼吞虎咽。主食是米饭，下饭的是蔬菜和一些油腻的动物下水。和欧洲一样，中国的劳动人民也是人手一只烟斗，不过中国的烟斗更长，放在口袋里，露出长长的一大截。有时候，纤夫们急着赶路，没有时间休息，他们便把干粮放在随身携带的布袋子里。除了筷子，他们还会携带锅铲。纤夫的胸前有块木板，木板由几块绳索串起，可以减轻漫漫路程中纤绳带来的巨大压力。

　　中国是农业大国，稻米是当地人的主食。自古以来，农业在中国的经济中占有重要的地位。凡是适合耕种的土地，人们都不会饲养动物，因此，中国的牧地面积非常小。这种观念在人们心中根深蒂固，无法改变。吉士笠先生曾为康熙帝写过一篇传记，记载了很多有趣的逸闻，可以证明上述观点："厦门米价便宜，每次出航，水手们都能带一两袋米回家，这也是他们出海的目的。家庭通过消耗稻米的数目来记账，一个人的食量大小根据他能吃多少碗米饭来判断，工作强度也根据米的重量来制定。没有什么能取代稻米的地位，如果米饭不够，吃不饱肚子，他们就只能喝白水。他们问我吃不吃米饭，当听到否定性的答案时，他们大吃一惊：'哎呀，西方土地真贫瘠，竟然产不了水稻！他们竟然没有饿死！'我试着告诉他们我们的食物也很棒，完全不比大米差，但他们不相信。他们坚持认为水稻是维持生命的最佳食物。"

　　东昌府郊区种有一种烟草，它的叶片黏黏的，很小，上面有很多毛，花朵呈黄绿色，花瓣边缘呈暗玫瑰色。这里还种植着少量大麻，人们抽烟的时候把它们掺在烟叶中。

东昌府兵站旁的食摊

临清的街头表演
Raree Show at Lin-sin-choo

　　大运河是中国重要的运输通道，临清府位于大运河的枢纽地带，长久以来，便为人瞩目。修建大运河利国利民，临清大运河岸边的九层宝塔是这项伟大工程的纪念碑。临清宝塔是一座八角的圆锥宝塔，塔底座是斑岩，塔顶漂亮的琉璃瓦排列整齐。塔内楼梯一共有183个台阶，顺着楼梯蜿蜒而上，便能到达宝塔顶端。这里视野开阔，放眼望去，一切尽收眼底。河道交汇处十分壮观，城内的大街上人来人往，数不清的花园、树林、娱乐场所、住宅和公共建筑隐身其中。1793年，宝塔濒临崩塌，人们重新修缮了这座美丽的建筑珍品。宝塔顶部向外凸起，最低一层的檐口上刻着"阿弥陀佛"四个大字，这几个字在中国的寺庙中随处可见。飞檐雕刻精美，装饰华丽。底层的壁龛内供奉着一座崭新的佛像，塔顶也有一座佛像。宝塔顶部由铜、铁打造而成，造型美观。

　　临清府聚集着大量生意人、小商贩、游客和船夫，此外还有负责管理地方和维护治安的官员和差役。另外，城市的繁荣也吸引了形形色色的流浪艺人、变戏法的和江湖郎中，他们为监泗桥边街道上的行人带来了很多欢乐。林荫道上人山人海。艺人们在表演，观众围绕在表演者周围，不时传出阵阵掌声和叫好声。

　　中国有很多发明创造，它们或是被抛诸脑后，或是长久以来未经改进，不过我们仍旧应该对它们心存感激。指南针、火药、印刷术、造纸术都是起源于中国，欧洲人改进了它们，并为此获益颇丰。另外，很多流行于欧洲和英国民间的娱乐活动同样来源于中国。比如木偶戏，研究者认为以意大利木偶戏为代表的欧洲木偶戏起源于中国。在意大利，艺人们利用系在木偶腿部、肘部、头部的几条绳子，操纵木偶进行表演，这与中国木偶戏的原理一致。英国木偶戏和欧洲木偶戏之间的源流关系更为明显。中国作家对中国木偶戏的描述，可以一字不改地使用在圣巴塞洛缪集市的木偶表演上。"中国艺人利用几条细细的绳子，把一幅幅流动的画面呈现在舞台之上。艺人一边表演，一边描述故事、介绍人物。"这句话，同样适用于一种曾经风靡伦敦街头的古老表演——暗黑放映室。

　　我们可以得出结论，同意大利的木偶戏一样，伦敦的黑暗放映室同样起源于中国。

临清的街头表演

至于说流行于英国的潘趣木偶戏是否也源自中国，尚无定论。毕竟，中欧与意大利的木偶戏在形式上已经有了很大的不同。中国木偶戏只有一个表演者。他藏身在蓝色帷幕后面，头顶一个箱子或者小舞台（与意大利木偶戏相同），表演者手指插入木偶内部，权作木偶的四肢，以此来操纵木偶。以上是木偶戏的基本原理，在实际表演中会有所不同。英国的"潘趣和朱迪"木偶戏原理相同。

配乐是表演艺术不可或缺的组成部分，不同国家的音乐风格各异，各臻其妙。他们卖力地演奏，好吸引观众忽略表演者，将注意力集中在舞台上进行的表演上。乐师左腿上绑着一片钹，地上固定着另一片钹，二者撞击，发出清脆的声响。他还要用右腿来敲鼓。与此同时，他除了用双手演奏长笛，还要时不时吹一下挂在身旁的唢呐。长笛是一根竹管，一端开有一个吹孔，往下的第二个孔眼之上蒙着一种芦苇的内膜，再往下两寸，则有十个指孔，其中六个距离相等，专门用来演奏。笛声悦耳嘹亮，整个配乐和谐热闹。

观众大多是下层劳动人民，包括米贩子、带着孩子的母亲，以及那些只要有口饭吃便不再干活、叼着烟袋四处闲逛的闲人。

木偶戏不只流行于民间，它还得以进入宫廷，娱乐皇室。"中国的木偶戏，仅就我们自己看到的那些而言，和英国的木偶戏没什么区别。不幸的公主被囚禁在古堡内，勇敢的骑士战胜看守的怪兽与巨龙，解救出了公主。最后，公主和骑士幸福地结合在了一起，然后就是热闹的婚宴，婚礼上的枪术表演和各种演出。"另外，中国的木偶戏也有喜剧表演，类似于《潘趣和朱迪》《班德米尔和斯卡拉莫池》一类的故事。我们得知，在中国，木偶戏只演给女人们看，这次表演是专门为我们准备的。英国的木偶戏兴起于一个世纪以前，当时报道说：为了观看木偶戏《潘趣和他的妻子》，人们都不去听歌剧了，甚至诺克利尼这样著名的歌唱家也备受冷落。

运河上的兵站
The Miitary Station at Cho-kien

　　京杭大运河北部的每一条支流上，都修建有兵站。兵站的兵力配置与当地的人口密度、交通重要性成正比。河流是中国主要的运输通道，这些兵站和英国的警察局功能相当。这些沿河而设的部队不是正规军，而是地方武装。他们除了保护一方平安、维护当地秩序外，还有另外一些工作，比如收通行税、确保河道畅通、管理水闸等等。一等兵站至少驻扎有100多名士兵。每当皇帝或者达官显贵的仪仗经过当地，他们要列队迎接，以示敬意。士兵们身穿绣花战袍、脚蹬缎面靴子，还要燃放三枚礼炮。他们把礼炮竖直放置，往炮筒内加入火药，上面紧紧灌满砂石和泥土。仪式结束后，这些华丽的服装以及士兵们的武器都要收回，存入兵站内的军械库，等待着贵宾们下次经过。这些士兵只有少数是职业军人，大部分是农民和小工商业者，薪水大约是3便士。不过，即便薪金如此之低，人们仍然积极申请当兵，并不需要政府征兵。

　　在比较宽广的河流上，停泊着为数众多、各式各样的船只，比如平底船、花船、舢板、游船、运货的驳艇等等。这些船构成了一道亮丽的风景，也产生了众多有趣的故事。此处人来人往，不时可以看到船夫和纤夫争吵不休、岸边罪犯当众受责的场景。中国国势煊赫，周边国家不敢侵凌骚扰，但国内骚乱、暴动却时有发生，因此十分有必要设立民兵和正规军。兵站的帐篷前，如果竖起黄、白、红、蓝色的军旗，或者以上四种颜色其中一种为底色、另一种镶边的军旗，那么这支部队就是八旗军。如果军旗是绿底红边或相反，正中间还绣着一条金龙，那么这支部队就是汉人组成的绿营。

　　八旗士兵和绿营士兵俸禄不同，服饰与装备也不同，这也正是职业军人与民兵部队的区别。八旗兵被称为战虎，他们身穿黄衣（黄色是帝王的颜色），衣服上的条纹如同老虎身上的条纹一样，帽子上还竖着两只耳朵。这种帽子由竹子制成，可以抗击兵器的击打。同样竹制的盾牌上面绘有兽首或怪兽的全身像，用以威吓敌人。每个小队包含5名士兵，列队时，第五名士兵会在背上插一面丝质的大旗，大旗迎风飘扬，很是别致。为什么不是人人都背一面旗子，就像英国骑兵一样，而是要每5个人背一面旗子？这是因为中国人偏爱"5"这个数字，源自手掌有5个手指头。5名士兵为一队，10队为一排，8排为一营，每营5个首领，5个副官。八旗士兵的胸前都写着一个"勇"字，绿营士兵是汉族人，他们会在胸前佩戴一个刻有"勇"字的徽章。比起八旗士兵，绿营士兵的军装更简单，红色或绿色的外衣外面套着一件宽大、粗陋的战袍。他们头戴圆锥形竹帽、布帽或丝帽。八旗士兵宽大的袍子上钉着金属纽扣，铁质的头盔呈倒置的漏斗状，上面悬挂着一束马鬃。穿着这身军装，行动很不方便。他们配有火绳枪，不过打火石不好用，现在都改用火柴。尽管士兵的刀剑粗陋得就好像没有锻造好一般，但实际上非常锋利，丝毫不逊于西班牙最好的刀剑。鸦片战争后期，两广总督林则徐曾经试图改良清军的武器，希望借助于这些新式武器击溃英国军队。

比起宝剑、盾牌或者是糟糕的火绳枪，清军将士们更信任他们从小就使用的那些武器，这些武器上面刻着他们的名字，陪伴了他们许多年。清兵的弓是木质的，弓背上包裹着角状物，弹性十足。一根弯曲的丝线把两端连接起来，箭身笔直，做工精致，箭头非常锋利。拉开一张弓需要多大的力量，人们便说这张弓有多重。中国弓一般是80—90磅重。射手把弓弦搭在右手拇指的玛瑙扳指上，弯曲第一个关节，食指中间的关节搭在拇指上。保持这样的姿势，拉动弓弦直至左臂完全伸展、右手贴近右耳，然后食指放开拇指，弓弦推离玛瑙扳指，箭便会飞速射出。

运河上的兵站

京杭大运河
Junks Passing at Inclined Plane

　　科学家们和旅行者们往往无视京杭大运河的优点，但不可否认的是，它是现存最伟大的人工奇迹之一。它贯穿大半个中国，省掉了翻山越岭、铺路架桥的麻烦。它是世界上最宽广、最深的运河。京杭大运河水面宽处达数千英尺，窄处也有数百英尺。运河中的大坝由大理石、花岗岩等石材建造而成。当浅水处不利船只通行的时候，人们便可以放下闸门蓄水。有些地方水量充足，水流湍急，时速高达每小时 3 英里，非常利于航行。在一些地势较高的地方，工人们把高处削低，低处垫高，使得落差不至于过大，以方便船只顺利通行。无论是削低还是垫高，相对落差都限制在 50 英尺以内。专制统治的优越处在于只要时间空间允许，就可以调集数百万人去完成某项浩大的工程。中国那些伟大的工程，都是由人力完成的，很少借助机械。京杭大运河那些落差较大的河段，建有长长的平台，水流顺阶而下，每阶高度差为 6—10 英尺不等。泄洪门把水流拦在上游，泄洪门由木板叠加而成，木板的侧柱上凿有相互嵌套的凹槽。两个坚固的桥墩——俗称防波堤——将水聚集起来，形成倾斜的水面，以方便货船通行。防波堤上固定有可以通过杠杆操控的滑轮，人们可以很方便地操纵滑轮。借助于机械，即便是满载货物的货船也可以升降自如，通行无阻。泄洪门处的水面倾斜达 45 度，因此，务必精确无误才能引导货船通过。在这个过程中，一个船员站在船头控制方向，另一个船员自防波堤上放下护船垫，预防高速航行的货轮因碰撞而造成损害。泄洪门只在规定时间开启，开启和关闭都很麻烦，并且每次开启，上流就会损失掉大量的水流。所有通行的船只依次排序，快速升降，然后依次通过。每次通行，船主需要交纳一定的费用，一部分用于支付堤坝看守人的工钱，一部分用于堤坝的维护。

京杭大运河

运河与黄河交汇处
Entrance to the Hoang-ho, or Yellow River

中国的水利设施之多、运河规模之大远超世界其他国家，各地的自然条件也适合修建水利设施和运河。中国地势平坦，非常利于灌溉。国内以及周边国家分布着为数众多高耸的山脉，为河流提供了大量的水源。欧洲人知道，长江和黄河是众多运河的源泉，它们也孕育了中国广袤肥沃的土壤。本文重点介绍黄河，图片展示的是运河与黄河交汇处。

黄河发源于青藏高原巴颜喀拉山北麓，自源头向东约250英里处，改变为西北流向，同样大约250英里后，掉头流入甘肃省。接下来的几百英里，黄河一直与长城平行，最终与长城交汇。之后，黄河继续向北流去，长度约400英里。沿途融汇众多河流与湖泊，然后再向东流去，再次与长城交汇于山西碛口镇，穿越北方省份几百英里之后，进入河南省。

黄河入海处航运发达，为了航运平安，人们修建了一座寺庙。黄河沿途2500英里，水流湍急，在这样的情况下航行非常危险。按河流深度和水流速度计算，黄河每小时注入黄海的水量是25.63亿加仑，是恒河的1000多倍。黄河的第一个特点是水量大，第二个特点是泥沙多，大量的泥沙使得河水浑浊不堪，黄河也因此而得名。两加仑的黄河水便含有3立方英寸的泥沙，这就意味着，每小时注入黄海的黄河水中蕴含着200万立方英尺的泥沙。

浑浊的黄河水并无多少特别之处。生活在黄河沿岸、崇敬自然的人们对于黄河水也没有非同寻常的敬意，令他们敬畏的，是那湍急的水流。开船过河风险很大，因此，无论是盐船还是货船，开船前，人们都会在船上摆上祭品，诸如几只鸡、几头猪，或者二者兼备，这由船主们决定。他们把牲畜的血和毛涂在船身上，在船头摆上酒、油、茶、面粉和盐等。

人们先把宰杀的牲畜、盛放祭品的盘子和烹饪好的食物摆放在甲板上，然后船主便要站立在这些祭品面前，一直到船只驶过水流最湍急的地方。整个过程中，旁边一直有一个水手在不停地敲锣打鼓。顺利到达对岸后，船主会郑重其事地将一部分祭品倒入河中，剩下那部分祭品则由水手们分享。水手们把食物拿进船舱，敲起热闹的锣鼓，有时候还会鸣放炮仗，在此之前，水手们要对着河水磕三个头。

运河与黄河交汇处

金坛[1] 的纤夫
Kilns at King Tan

　　纤夫多是山里人，山中土地贫瘠，无以为生，于是这些身强体壮的男人便来到运河边，靠拉纤挣口饭钱。他们赤裸着上身，肩上背着纤绳，拉着木船艰难地向上游前行。他们身体前倾，使出了浑身的力气，好拉动那拴在桅杆上的纤绳。一些雇主同情纤夫们的处境，除了工钱以外还会给他们些赏钱，并保护他们不受监工的鞭打。纤夫们有时要连续工作16个小时，中间完全没有办法休息，因为雇主们时间宝贵，监工会抡起鞭子不停地催促纤夫。

　　紧急情况下，官府也会征召纤夫，残酷、暴虐地驱使他们。每当皇室的船只过境，官府就会在当地征召纤夫，不管是老人还是孩子，无论怎么苦苦哀求，也无法幸免。很多人为了躲避差役，听到些风声，便远远地藏了起来。而官府也会提前把抓到的纤夫囚禁起来，待到皇室的船只来到，便逼迫他们去拉纤。士兵们手持棍棒，像对待牲口一样驱赶纤夫。纤夫们被迫走过齐腰深的烂泥地，游过宽广的河流，暴露于烈日之下，一不小心便会遭到棍棒的毒打，或被扇耳光。艰辛而屈辱的旅程结束之后，这些可怜的人会得到一些微薄的报酬。官府不会考虑这些纤夫究竟哪天才能回到家。

　　英国海军也曾经如此残酷地征召中国纤夫，并且引起了惨痛的后果。人在气温急剧变化的情况下，很容易发烧。对中国的贫苦百姓来说，小小的发烧便可能要了他们的命。很多人死于饥饿、劳累与士兵的毒打。

　　纤夫们拉纤时会哼唱号子。有些欧洲游客认为这些号子和英国水手们喊的"heiyo heiyo"相似，事实上这些号子声音悲苦，听起来令人心酸。

---

[1] 今属江苏省常州市。——译者。

金坛的纤夫

双峰山下[1]

Foot of the Too-hing, or Two Peaks, Le Nai

---

[1] 此图原书没有文字介绍。双峰山，位于陕西省商南县境内，秦末著名的商山四皓即隐居于此。——译者。

江苏

拖网捕鱼和鸬鹚捕鱼
Chinese Boatmen Economising Time and Labour, Poo-keou

比起其他国家的人，中国人从不吝惜体力。不过有时候他们又想省心省力，这多少有点矛盾。

浦口[1]的一处市场内，一艘装满了水果和蔬菜的船上，船主竖起桅杆，扯开船帆，收拢起捕鱼的篾丝，用钉子把篾丝固定在身边。他嘴里叼着烟斗，头上戴着大斗笠，划船前行。大风吹动船帆，只见他一只手松紧有序地收紧渔具，另一只手紧紧地抓着帆锁。左边的船桨横放在胸前，右脚不停地踩着右侧的船桨，推动船只前行。另一艘船上，船主在满载货物的船上来回巡视，渔夫们忙着指挥鸬鹚捕鱼，然后带到南京城里出售。整个捕鱼的过程非常沉闷。不过鸬鹚既聪明，又有耐心，并且非常勤劳，历来为人们所称道。

---

[1] 今为南京浦口区，位于南京市西北部，长江北部。——译者。

拖网捕鱼和鸬鹚捕鱼

南京城
The City of Nanking

　　所有游览过罗马城的人来到南京，触目所及是"破败的城门"和那"已逝的繁华"，不禁会把南京比作"衰落的罗马"。戴维斯先生写道："南京城城墙长达 20 英里，高大雄伟，老城很像今天的罗马城，城内还可以看到古建筑的遗址以及荒废的耕地。不过，罗马迄今仍然矗立着众多高大的古建筑，但是南京除了城墙，没有任何历史悠久的建筑。罗马荒凉的凯里山上，怪石林立，看上去很像南京城外的山峦。站立山头，看到那环绕着罗马的古城墙，令人不禁想到南京城。"

　　江南古都南京城离长江不过 3 英里，距离北京和广州大约是 600 英里。它是明朝的旧都，世界上最美丽的城市之一。中国人夸耀南京城的庞大：在同一个城门口，两个人骑马出城，反方向绕墙飞奔，到了晚上，两个人也见不到面。南京城人口多达 300 余万，有几条河流通向长江。在这些河流上，大驳船与帆船畅行无阻。

　　城墙规划并不整齐，城墙内既有平原，也有山丘，道路蜿蜒其间。城内三分之一以上的区域都荒废了，众多宫殿、寺庙、观象台、皇陵毁于清军入关之时。南京城是六朝古都，也是明朝的"留都"。明朝迁都北京之后，改南京为江宁，不过当地人仍然称之为南京。南京是个大城市，是两江总督的驻地。清军曾经攻破南京城，虽然他们建都北京，但对南京仍然充满戒备。满族权贵统领八旗军驻扎在城外，与南京城仅有一墙之隔。城内街道狭窄，交通不便，除了城墙，没有像样的公共建筑。同众多大城市一样，南京城城墙雄伟美观，城内牌坊众多，用以表彰功臣与烈女。

　　英国的查尔斯国王曾以迁都来威胁伦敦人。伦敦人则回答道："只要把泰晤士河留给我们，国王你到哪儿去都无所谓。"但满族人选择定都北京，将长江留给了南京人民。由于南京人民一向都很勤劳，那些爱慕虚荣而又无所事事的皇亲国戚一旦离开，南京迅速焕发了勃勃生机。当地的手工业水平之高，举世无双。南京出产的绸缎，不管是锦缎还是素缎，在北京城都能卖上好价钱，价格远超广州的同类产品。南京棉布誉满欧洲，此外，纸张、手工花卉也是本地艺人的拿手绝活。名满英伦的江南"墨汁"，便来自南京。

　　古城学术气氛浓厚，北京城内的很多高官、宿儒、名医都出自南京，人数远超其他地区。南京城盛产上等纸张，印刷业也很发达，城内书店密布，书商很受人们尊重。

　　南京为北京提供了大量的奢侈品，以及生活必需品。四五月份正是江南收获渔产的时候，人们把鱼虾等珍馐冰镇保鲜，装船运往 600 英里外的北京。纤夫们时刻准备着，不管北京需要什么。尽管船只运行缓慢，但纤夫们总能在短短的 10 天内到达北京，这着实令人意外。

南京城

南京琉璃塔
The Porcelain Tower, Nanking

寺院内的僧人掌握着南京琉璃塔相关的历史文献，我们可以通过他们的叙述，来了解南京琉璃塔的修建原因，洞悉它的魅力所在。明朝末期，帕特尔·萨马在南京生活长达20余年（1613—1635年），他认为南京琉璃塔完全可以和古罗马建筑相媲美。1687年，数学家勒孔特参观完宝塔之后，称之为东方建筑艺术中最高贵、最完美无缺的杰作。

南京琉璃塔并不是白瓷，塔内供奉着如来佛。它位于报恩寺内，因此被称为报恩寺塔，后来也被称为琉璃宝塔。明朝迁都北京之后，明成祖朱棣为了报答生母的养育之恩，下令重建报恩寺塔。永乐十年（1412年）六月十五日破土动工，整个工程持续了整整19年，宣德六年（1431年）六月一日竣工时，永乐帝已经于六年前去世了。"敕工部侍郎黄立恭依大内图式，造九级无色琉璃宝塔一座，曰第一塔，以扬先太后之德。"整个工程耗费白银2485484两，折合75万英镑。

南京琉璃塔精致华丽，命运坎坷，几经劫难。清嘉庆十五年[1]（1800年）五月十五日下午，大约3到5点钟，"雷神怒威，驾怪虫，撞宝塔，须臾，分崩离析"。南京知府、同知奉旨依照1802年的旧式样，重修被雷电击毁的宝塔。[2]自此之后，宝塔一直平安无事。但是1842年，南京琉璃塔惨遭横祸，一队英国水手砸破塔墙，试图盗宝。不过，这帮水手很快就被抓获，英国政府也迅速做出了赔偿。

南京琉璃塔呈八角形，共九层，锥形上升。圆屋顶如同一顶帽子，又像倒置的莲花，外层裹着黄铜，金光闪闪。屋顶的镀金圆球上有一根铁针，针尖上垂下8条链子，链子上悬挂着72个风铃。各层回廊之间的绿色塔檐下，也都悬挂着小风铃，加上链子上的风铃，一共是152个。九层宝塔外悬挂着128只灯笼，灯笼由牡蛎壳做成，而不是传统常见的黄铜。在灯光的照耀下，整个宝塔熠熠生辉。宝塔一层大厅有12个琉璃油灯，每座盛油超过80磅，整个大厅金碧辉煌，昼夜灯火通明。在高僧的德行下，善男善女会捐献香火钱，僧侣们会为他们点上33天的灯，超度亡魂，消灾祈福。

中国人说，塔内"管心木"支撑的镀金圆球高346英尺。不过皮埃尔·布尔茹瓦却认为圆球不会高于258英尺。1842年远征队的工程师测量的高度是236英尺。

通往塔顶的楼梯共190阶，楼梯狭窄陡峭。站在塔顶，放眼望去，四下风景美不胜收，顿时让人忘怀爬楼时的痛苦。你能看到整个南京城，以及空旷的郊外、宽广的扬子江。宝塔东边是一条大路，南面是稻田和宽敞的粮仓与花园，西面是金陵桥，北面是一条大河。

---

[1] 嘉庆十五年应为1810年。1800年为嘉庆五年，这一年，宝塔遭雷击。——译者。

[2] 该塔最后一次修复是在嘉庆七年（1802年）。1856年，被太平天国北王韦昌辉下令炸毁。——译者。

南京琉璃塔

从琉璃塔俯瞰南京

Nanking, as It Was Seen from the Porcelain Tower

　　古城南京整体设计并不规则。这有两个原因，一是南京城路面凹凸不平，二是时常会有洪水。站在南京城内挺拔的高山上，南京城内和郊区的景色，一览无余。城内房屋密密麻麻地紧挨着，官府位于城市的西南部。

　　高高耸立的宝塔边流淌着一条河流，河上修建有一座宽阔的六孔桥。中国人往往无视这些古老的文化遗迹，因此它们总是破败不堪。他们醉心于建筑崭新的高楼大厦，任由一处处古迹变成废墟。城内的监狱是一座城中之城，它位于南京城的正中央，高墙环绕，戒备森严，彰显着封建皇权的赫赫威严。城北高耸的群山，陡峭而又贫瘠，一点也不比宝塔低。远处的山脚下，长江江面宽广而平静。南京运河与长江交汇的地方，距离山脚约3英里。

　　宝塔附近坐落着一处长方形的寺院，从周边环境推测，这里可能是人们诵经的大殿。僧舍在寺院的另一侧，僧侣们居住在这些简陋的房舍内，依靠信众的施舍生存。事实上，寺院拥有大量土地，但僧侣们自己却不参与劳动，而是毫无愧色地接受信众的施舍。究竟是僧侣们不屑劳动，还是教义禁止他们劳动，原因我们尚未得知。

　　匆匆一瞥，我们便可以通过南京认识到中国的社会结构，以及他们系统的城市规划风格。透过城市建筑的细节，我们可以感受到中国社会严格的纪律、独特的装饰风格和等级制度。

从琉璃塔俯瞰南京

金陵桥
The Bridge of Nanking

前文中说过，南京并不是坐落在长江岸边，而是离长江 3 英里。一条又深又宽、西南走向的运河将二者连接起来，极大地方便了当地的交通。一座足以载入中国建筑史的桥梁横跨运河，这就是金陵桥。金陵桥位于南京琉璃塔附近，是连接南京及其周边市镇的主要通道，这是一座六孔桥，桥孔与桥身浑然一体，连接起运河两岸。

中国各地的桥样式不一，因地制宜，各具特色。有的讲求科学性，但是浇筑技术并不高明。有些地方的拱桥风格类似于英格兰早期的桥，也有些地方处处可见摩尔式或马蹄式的桥梁。花园内经常可以看到这种装饰性很强的马蹄式独孔桥。一些运河上的桥旁边通常会有高高的长堤，以方便大吨位的船只（某些船载重超过 200 吨）顺利通过。中国有很多单孔桥、多孔桥，仅苏州府一地就不少于 91 座孔桥。

中国的单孔桥结构精美，堪称艺术性和实用性完美结合的典范。建桥用的石头，每块都是精挑细选。桥体的承重部分由木头制成，而非石头。工匠把木头紧紧地闩在桥上，木头的两头嵌入桥的凸面，不过有时候桥的承重结构也会用拱起的条石。中国的其他地方也可以看到众多欧式拱桥，万里长城上的塔楼也是拱顶。专家认为，无数人付出了难以计数的汗水与劳动建成了万里长城，它是人类建筑史上的奇迹。

金陵桥主体是由坚固的花岗岩建成，桥体的孔洞上雕刻着大量的篆字。建造者丝毫也不担心桥的稳固性，他们还在桥两旁修建了堤道，盖起了一排高大坚固的平房。金陵桥每天都要承载重大的压力，诸如成群的牲畜、飞驰的车马、整齐的队伍等。以上种种措施保证桥体在巨大的压力下岿然不动。金陵桥一侧是南京城墙，一侧是著名的琉璃塔。一位钦差大臣曾经乘船与英国使者在桥下接洽。

金陵桥

江南虎丘
Kin-shan, or Golden Island

虎丘气候宜人，风景秀美，诗人白居易在诗中曾极力铺陈虎丘之美："舟船转云岛，楼阁出烟萝。路入青松影，门临白月波。"虎丘距离苏州府 20 余里，此处游客云集，盛宴常年不断，因此，时常被文人写入诗中。诗人们经常提到虎丘附近的天平山。此外，虎丘那深邃的山谷、滂沱的瀑布、险峻的峭壁、高耸的山峰也时常出现在诗人们的作品中。虎丘一带的山峦与峭壁是一道天然的屏障，使得苏州城免受西北寒风的肆虐。山脉如同一道天然的城墙环绕着苏州城，如同壁垒一般守护着城内的百姓。

姬发是中国古代的一位王子，他后来建立了西周，被称为周武王。也许是因为贪玩，也许只是好奇，他来到了虎丘。此时，一位富贵人家的小姐正在女仆的陪伴下洗澡，她们发现王子和他的同伴越来越近，于是仓皇离开了泉边。待到王子来到泉边，一只苍鹰腾空而起，直冲云霄，嘴里还衔着什么东西。鹰衔的东西是什么，美丽的少女又是谁，她丢失了什么东西，种种疑惑在王子心头盘旋。突然，他发现地上有一只精美的鞋子，鞋子很小，但却异常华贵，王子从来没有见过可以与之相媲美的鞋子。他十分珍视这只鞋子，决心寻找鞋子的主人。回到宫中，王子立即召集群臣商议。这时，那只苍鹰飞过游廊，径直俯冲到他面前，丢下一只鞋子之后，展翅离开。故事在此刻发生了重大的转折，发现一只鞋子实属再平常不过，而苍鹰再次出现，使得整个故事具有了超现实的意味。王子立刻通令全国，寻找鞋子的主人，令她速来朝见。终于，这位美丽富有的女子出现在了王子的大殿上，但见女子美貌绝伦，魅力四射。王子一见倾心，当即在群臣面前册封女子为妃。显而易见，这个传说类似于灰姑娘的故事。但另一个显而易见的事实是，这个故事为两个风俗文化、行为习惯各不相同的古老国度搭建起了一座桥梁。

虎丘，是座美丽的小岛。小岛上生机勃勃，各类船只往来穿梭。小岛最高处不超过 300 英尺，岛上的密林里，寺庙、佛塔、禅院时隐时现。壮丽的宝塔，结构精美，巍然耸立。

小岛上种植着各类奇花异草，建筑物样式众多，造型精美，使得小岛更加绚丽多彩。佛教徒和道教徒纷纷在此修建庙宇，庙里供奉着各式神像。那座巍然耸立的宝塔（岛上最能代表中国的标志性建筑），使得整个建筑群更加庄严肃穆。河边那些掩映在树林间的双层建筑，以前是僧人的禅房。后来，乾隆帝在此修建行宫，占据了半个小岛，僧人们被迫移居别处。乾隆帝性格反复无常，心血来潮之时，便会南巡。虎丘风景如画，气候宜人，是修建帝王行宫的理想场所。

江南虎丘

虎丘试剑石
The Proof-sword Rock, Hoo-kew-shan

古时候，人们敬重孔武有力的勇士。不过现如今，只有极个别远离现代文明的国家还保留着这个习俗。当今社会，仅仅有蛮力，并不一定能取得胜利，智慧、文明、科学的威力早已超越了动物性蛮力。游吟诗人诗歌里那些永恒的主题，诸如亚加斯的威力、狮心王的力量，很快便会被历史学家们遗忘。不过，历史仍然会铭记一些深受上天眷顾的人物。

《三国演义》记载了虎丘试剑石的传说。三国时期，魏蜀吴鼎足而立。吴主孙权邀请蜀主刘备访吴，以迎娶吴主的妹妹。名义上是两国交好，男婚女嫁，实际上吴主意在活捉刘备。蜀主刘备德高望重，不疑有诈，听取诸葛孔明（诸葛亮，中国的马基雅维利）的建议，欣然前往。孙权的母亲吴国太看到刘备器宇轩昂，很是欣慰。虽然她也曾因为孙权未曾征求她的意见，便把女儿许配给刘备而愤怒不已。在迎接刘备的盛大宴会上，狡诈的孙权派兵包围了宴会厅，旨在捉拿刘备。刘备身边的一位勇士意识到情况危急，便抽出宝剑，走进大厅，跪倒在刘备面前，劝告刘备不可束手就擒。吴国太获悉这一消息，怒斥了孙权，批评他此举完全不顾妹妹的幸福，并且有违待客之道，有辱王族的声誉。

孙权虚情假意地道歉，并保证自己和周瑜都愿意兑现之前的诺言。他牵起妹妹的手，放到刘备手里，以示把妹妹托付于他。不过，私底下，孙权仍然试图谋杀刘备，他们计划趁着刘备在婚礼上志得意满的时候，派人行刺。

刘备侥幸逃脱，他脱去婚礼上的礼服，走到院中，发现地上有块巨石。想到自己坎坷的经历，刘备感慨不已，他拔出宝剑，仰望苍天，说道："如果命中注定我可以返回荆州，赢得天下，就让我一剑下去，石头变为两半。"手起剑落，火光四射之后，巨石变成两半。孙权正站在刘备身后，把一切都看到了眼里，刘备却毫无察觉。后来，孙权走到刘备跟前，问刘备为何如此愤慨，何以一剑下去，巨石便一分为二。刘备答道："人一生建功立业之时，不过数载，而我如今却无法保家卫国。想到这里，我便心绪难平。不过，如今得以与贵国联姻，我顿时信心倍增，因此，我请求上天，如果有朝一日我可以击败曹操，就让我一剑把这块巨石劈开。上天已经答应了我的请求。"

狡诈的孙权以为这不过是刘备的谎言，决心一试究竟。他说，他要分享那击败曹操的荣耀，于是他也向苍天祈祷。然后，他挥动宝剑，砍向岩石，岩石应声一分为二。

虎丘试剑石

虎丘行宫
The Imperial Travelling Palace, Hoo-kew-shan

　　江苏地区土壤肥沃，经济富饶，一年四季风景各异，粮食年产量高。"这里植被物种丰富，生长茂盛，从远处看层峦叠嶂，风景如画。从当地的建筑和人们的衣着来看，此处人们生活富裕。"虎丘行宫，是当地最吸引人的建筑。因为政治需要，或者仅仅是为了游玩，皇帝会离开皇宫远游，旅途中便居住在行宫内。行宫大多位于帝国的主干道附近，修建得富丽堂皇，有些甚至远超京城内的宫殿。虎丘位于苏州古城西北20里处，此地风景秀美，远近闻名。山峦拔地而起，陡峭险峻，是出海水手辨别陆地的标志。这里的每一座山峰，每一条河谷，无不深深吸引着好奇的游客。这里自然景观秀美，人文建筑荟萃。虎丘的最高点是剑池，剑池旁是千人石。吴王阖闾便安葬于此，据说，在他下葬后的第三天，有只白虎蹲踞在他的墓上，停留了数天之久。之后的几年内，白虎每隔一段时间就会出现。秦始皇曾经试图毁坏阖闾墓，不过白虎及时现身，秦始皇才不敢贸然行动。

　　虎丘风景秀美，流传着众多传奇故事，无数游客慕名而来。

虎丘行宫

镇江西门

The West Gate of Ching-keang-foo

京杭大运河与长江交汇之处，河岸蜿蜒曲折，旁边建有一座大型码头。码头的贸易日益活跃，成了这一带的贸易中心，城镇也逐渐繁盛起来。金山岛位于河中央，岛上树木丛生，枝繁叶茂。远处可以看到连绵不断的群山，近处则是奔涌而下的大河。山色静谧祥和，港湾热闹喧腾，构成了一幅对比鲜明的风景画。江面上各色船只川流不息，有的风帆高举，顺流而下；有的竭尽全力，逆流而上；还有一些穿梭于两岸之间，行色匆匆；大多数船只停泊在岸边，悠然休息。

在镇江，中国军队曾经与英军奋勇作战。镇江是南京的门户，也是通往南方各省的必经之地。镇江城城墙高 30 英尺、厚 5 英尺，有效地守护着世世代代生活在城内的居民们的安全。

镇江方圆 4 平方英里，是江南第五大城市，地理位置至关重要，也是重要的商业中心。镇江城内街道并不宽阔，但地面铺设大理石，显得平整、精致。街道两旁遍布着众多精美的店铺，店内商品种类繁多。

镇江西门

镇江河口
The Mouth of the River Chin-kiang

金山附近的长江江面宽阔，当地几条河流的汇入，使得这里具备了一个内陆港湾必备的所有条件。利用这一优势，当地人在这儿泊船，他们把货物搬到船上，沿着河流运往远方。这里不仅风景秀美，战略地位也很重要，曾经是皇家的避难所，现在则是帝国内陆安全的重要保障。这里是京杭大运河上至关重要的隘口，一旦停泊上几艘火力凶猛的战舰，便可以切断京杭大运河和长江的航运，使得京杭大运河上的船只无法沿着运河驶向北京，长江下游的船只无法西去南京。如果有舰队入侵，也可以在此处将它们击溃。河面上有座码头，供货船装卸货物之用，码头上停泊着各式小船，连绵长达数百码。岸边储存着大量的货物，等待着装船，还有部分货物会直接在当地出售。河边有一处高大的山崖，犹如平地上升起的一座圆台，庇护着当地的衙门。岩石裂缝处长满了绿色的苔藓，山崖上翠绿的杉树枝繁叶茂。巨石顶上散布着一排白色的房子，房子异常坚固，这是当地驻军的军营。他们不仅要守卫城市安全，还负责保障当地河道畅通。山崖上有一条小径，蜿蜒向上，如同盘旋式的楼梯，令人望而却步。

山上空间宽广，土壤肥沃，盛产各类果蔬。松树、杉树郁郁葱葱，形成了一道道防风林。站在高山上北望，壮美的景观一览无余，山脚下，镇江城码头上船舶往来穿梭。长江蜿蜒曲折，江面宽达 2 英里。金山岛坐落在长江中央，岛上植物茂盛，典雅的宝塔在密林中若隐若现。正对面则是京杭大运河与长江的交汇处。长江北岸是连绵的群山，山上清一色的花岗岩。此地风景如画，动人心魄，往来贸易不绝，热闹非凡。西方人一旦入侵，又会成了抵御侵略的战略要地。

镇江河口

扬州渡口
The Pass of Yang-chow

　　耶稣会传教士见多识广，他们对中国的描述，虽说多多少少有些夸大和误解，但总体说来，仍然是真实可信的。不管原因何在，他们当时对扬州的误解仍然令人难过。"当地家教森严，年轻女孩子要学习歌唱、演奏乐器、绘画等技艺，掌握了这些技艺之后，她们才有可能嫁入权贵之门做小妾。"以上说法，完全有悖事实真相。权贵本身就是皇帝的奴仆，他们又怎么会去奴役自己的同胞？事实上，这些女性并没有受到奴役，也不是用来换取钱财的商品[1]。她们确实掌握了卓越的艺术技艺，但这也仅限于在公共场合演出，娱乐大众和官员而已。教士们也说："她们的音乐、绘画、诗歌、文学等素养很高，造诣很深。"这倒确实是当地的一大特色。

　　当地气候宜人（如同意大利南部地区和地中海的西西里岛），风景如画，富有浪漫气息，平淡中透着点狂野，给人一种熟悉而又陌生的感觉。另外，此地商业繁荣，大批商人聚集于此，流连忘返。

　　运河缓缓汇入长江，运河上横跨着一座别致的石桥。运河两岸的山上建有花园、凉亭和戏楼。登高远眺，四周美景尽收眼底，十分赏心悦目，这就是扬州渡口远近闻名的"观景岩"。忙碌了一天之后，官员和商人都会到这儿消遣娱乐一番。最热闹的时候，桥上游人如织，十分拥挤。于是，有些权贵们便会雇上一艘小船，摆渡过河。每当有官员的轿子经过，岸上便一阵忙乱，步行的人群推推搡搡，几乎要掉进河里。人们可以通过轿子的装饰、随从人员的数量来猜测官员的品级与地位。

　　在这条横贯扬州渡口的运河河口，有一处小小的堤岸，旁边停泊着几艘船。商人们把贵重的货物搬到船上，沿着运河运往全国各地。

　　扬州城历史悠久，人口多达 200 余万。大约公元前 600 年，扬州属于吴国，后来被越国占领。战国时期，扬州属于楚国，最终被秦国吞并，并入了九江郡。接下来的岁月里，这里也被称作"江都""河郡""广陵""吴州"等。到了宋朝，又被改回"九江郡"。明朝初年，此地才改称"扬州"。扬州下设三府（二级城市）七县（三级城市）。

　　扬州渡口景色宜人，阳光和煦，四周高耸的山峦上覆盖着众多奇花异草。这里盛产芍药，它可以入药，多达 30 余种，深受人们的喜爱。

　　"二十四桥"异常坚固，远近闻名，其建造工艺却并不怎么高明。在中国的神话传说中，盘古开天辟地，结束了宇宙间的混沌状态，他的墓碑就在附近。墓碑周边是广陵遗址的废弃城墙。

---

[1] 此处仅代表作者个人观点。——编者。

扬州渡口

瓜洲水车
The Melon Islands and Irrigating Wheel

　　东方国家土地干旱，气候炎热。为了满足家庭和农业用水，他们想尽办法，试图从水井和便利地取水。早期的雅典人，除了水之外没有别的饮品，因此，最伟大的雅典诗人曾经高度颂扬了水。他们不会使用机械装置将井水引到地面。雅典人的每一口公共水井旁边，都竖立着一个圆形的大理石柱子，柱子上系着一根绳子，绳子另一端系在水桶上。人们把水桶丢入井中，然后拉起系在柱子一端的绳子，从而将水桶拉出井外。柱子上几英寸深的勒痕以及绳子摩擦石头带来的凹痕，都证明了这一事实。这种取水方式虽然简单，但却很费力。色雷斯人在此基础上做出了改进，他们把螺旋式的阶梯嵌入岩石中，在上方形成圆拱状，以取代绳子和水桶。在水泵发明之前，英国随处可见这种色雷斯水井。亨利八世在位时，通过了一项法案，决意要特别保护汉普斯特德古老的喷泉，喷泉位于教堂地下 500 码的地方。在路米利亚，人们通过杠杆来获取灌溉用水，他们把桶放在一端，另一端装满石头。当下，在中国仍然可以发现这种取水方法。人们把所有的洞都灌满水，以储存水资源。他们把泉水与水库奉为珍宝。

　　中国人还发明了筒车。这种筒车动力强劲，外形简洁美观，在原理和功效上，类似于波斯的取水工具，因此被称为波斯水车。它由竹子制成，人们把粗大的竹子做成圆筒，将一端塞严，系在轮子的外缘上，每个圆筒距离相等。圆筒并不是水平的，能够以一定的角度浸入水中，灌满水后，再把水倒入储水槽。这种水车在瓜洲随处可见。邗江支流流经这里，然后汇入鄱阳湖。在这里，放眼望去，你能看到上百架水车每天 24 小时不停地运转，每个水轮可以抽取 300 吨水。

瓜洲水车

太湖碧螺寺
The Polo Temple, Tai-hoo

　　江苏太湖东部分布着很多小岛，还有很多半岛深入湖中。此地风景秀丽，人口众多。图中太湖岸边的洞庭山高大险峻，山脚下建有各式别墅，散落着众多的村落。港湾入口处耸立着两座挺拔的宝塔，一座位于半岛的最高处，另一座位于湖中小岛的山峰上。此地贸易活跃，运载棉花或者外国商品（这些外国商品来自杭州，沿着运河到达这里）的商船往来穿梭，打破了水面的平静，关卡前高高的旗杆上龙旗随风飘扬。

　　碧螺寺便位于这片风景如画的地方，每年都会有大批失意的求爱者拜谒这里。寺内有一眼井，井水可以抚慰伤心的失恋者，保佑有情人终成眷属。如果一个人只是希望减轻失恋的痛苦，只需要喝上一口井水。如果他想彻底忘却一段恋情，则需要把燃烧的火把投入深井。

　　寺内悬挂着一幅女娲的画像。她曾长期居住在凤里岩上，死后，凤里岩便成为单相思的人的庇护地，据说女娲本人就曾经患上单相思这种病。女娲本人究竟是否倾国倾城？她的遗物是否沾染了她的神力？这幅画像是不是后人伪造？这些疑惑一直没能得到圆满的答复。据说大量失恋的人到此寻求帮助，却因一睹女娲的画像而神魂颠倒，视线长久地停留在画像上。在中国，除了王母娘娘，女娲也值得重点介绍。中国传统观念里，女性地位低下，不过，一旦她们成为神仙，仍然会得到百姓的崇拜。寺外山脚下的太湖，有一处治疗饱受折磨的失恋者的场所。失恋者站在高处，头朝下跃入下面的水中，从而治疗那丘比特的利箭带来的伤口。维纳斯曾经得到神谕，阿多尼斯带给她的悲痛有药可解；丢卡利翁从琉卡特岩的山峰上纵身跳下，方才摆脱他因追求皮拉不成带来的痛苦。

太湖碧螺寺

太湖洞庭山
The Tung-ting-shan

　　太湖位于南京城东南，四周群山环绕，山峰壮丽，挺拔奇伟，就像七星岩一样。这里石灰岩居多，这些岩石一经水流或波浪的冲蚀，便会迅速发生变化，或者消失不见，令人称奇。在长江沿岸和北江沿岸，那些以石灰岩为分界线的地方，往往会冲刷出巨大的溶洞、秀美的岬角、兀立的山岩、土壤肥沃的小岛。在山间湍急的瀑布与倾泻的河流的冲击下，石灰岩的形态更是变化万端。洞庭山也被称为林屋山、包山，它位于苏州以北30英里处，是太湖地区最陡峭最突兀的山峰之一。盘山小路蜿蜒而上，长达154英里，这里有中国最美最浪漫的风景。树林浓荫蔽日，山谷幽深狭长。山谷内的村庄里，建筑金碧辉煌，寺庙的金顶闪闪发光，这些建筑规模庞大，井然有序。

　　当地人喜欢洞庭湖，而欧洲人却更喜欢洞庭山中那些安静宁谧的山洞。那里没有官员的别墅，也没有僧侣的寺庙，因此，没人会破坏它们的安宁。因为人迹罕至，这些山峦与峭壁保持了自然的状态。高高的山崖间树林密布，迎风摆动，溪谷间植被丰茂，耸立在上面的山岩寸草不生，二者对比鲜明。浓荫蔽日的溪谷里，清澈的溪流边不时出现一处谷口，透过谷口你会发现一个与世隔绝的小村庄，仿佛世外桃源般，隐隐约约。

太湖洞庭山

白云泉
The Han-tseuen, Province of Kiang-nan

　　唐代诗人白居易曾用夸张的笔触描写白云泉，夸赞它宜人的气候和美丽的自然风光，诗云："天平山[1]上白云泉，云自无心水自闲。何必奔冲山下去，更添波浪向人间。"白云泉离苏州城约 20 里，游人集会众多，尤为诗人们所称颂。中国人在旅行指南、游记以及地理学著作中，多次提到过白云泉、天平山以及山上的矿产和植被。说到当地的魅力所在，作者们往往会提到幽深的峡谷、恢弘的瀑布、高耸的山峰。白云泉所在的天平山山峰耸立，峭壁林立，成功地阻挡了来自东部海域的强风，就像一道坚固的城墙一样守护着当地的人民。

---

[1] 位于江苏省苏州市以西。——译者。

白云泉

太平昭关 [1]
The Tae Ping Shaow Kwan

　　江南省有很多富庶的城市，论政治上的重要性，太平府只能排在第12位。不过，当地优美的风景和文明程度，绝对数一数二。和江南省其他地区一样，这里气候温和，土壤肥沃，产品质量有口皆碑，公众书院声名远扬，丝毫不逊于帝国最大的城市。当地最著名的、获利最丰的产品是墨、漆器、米、纸、棉花、丝绸。当地还盛产鲑鱼，周边地区蕴藏着丰富的食盐、大理石和煤炭。

　　这里是长江三条支流的交汇处，航运便利。早年，这里汇集了大量从事贸易、制造、运输的各类商人。当地政府在此建起关卡，征收过路费，办理通行许可。城市位于半岛之上，周边的河流上修建有浮桥，随着水面升降而沉浮。浮桥结构灵活，不像木桥和石桥，非常方便船只航行。河水暴涨的时候，浮桥虽然很容易被冲毁，但待到水面恢复正常的时候，也很容易重新搭建。城内有很多公共建筑，书院尤其多。学者们在书院中研究哲学问题和儒家理论，涌现出很多在国内享有盛名的熟悉律法和医学典籍的杰出学者。

　　太平府的文学传统由来已久，培养出了一大批国家的栋梁之臣，历朝历代的很多帝王曾经赋予它种种荣誉，以表彰这些人物。大禹时期，这座城市属于扬州；孔子时期，它属于吴国；列国纷争的战国时期，它先后属于楚国和秦国……明代，改称太平府，并且延续至今。

　　中国历史上，恐怕没有比昭关更广为人知的关卡了。战国时期，伍子胥一夜白头，度过昭关。这个故事在中国广为流传。

---

[1] 位于安徽省含山县。——译者。

太平昭夫

扬子江上的银山

The Silver Island, on the Yang-tze-kiang

美丽的银山位于镇江西部辽阔的江面上，岛上气候温和，它不像金山巍峨陡峭，却比金山柔美秀丽。岛上没有太多的宝塔和宫殿，但也不乏令人赏心悦目的建筑。

漫步在银山岛上，但见整座山都被笼罩在浓密的树阴里，村舍和农家小院不时闪露其间。岸边停泊着各式游艇，运货的小船随处可见。

中国的统治者认为外国人不怀好意，不愿与他们交往，也禁止百姓与外国人交往。在与英国人的战斗中，清朝人失败了，最终满足了英国人提出的一切条件。英国人利用火力优势，占领了金山、银山以及周边大片水域。

扬子江上的银山

焦山上的皇帝行宫

The Imperial Palace at Tseaou-shan

　　"京口三山"，景色秀丽、地势险峻，位于镇江府东北三里之外宽阔的长江岸线上。这三座山分别是"金山""北固山""焦山"，汇集天地之灵气，深得历代统治者的青睐。

　　焦山陡峭，变化多样，四处悬崖峭壁林立，只有一条小径可达山顶。小径曲折蜿蜒，无数的石阶将岛上皇帝的行宫、僧侣的寺庙以及其他为数众多的建筑连接起来。东汉末年，学者焦光曾经隐居于此。他学识渊博，为人稳重。不知什么原因，他突然断绝了一切社会交往，悄悄地来到这个小岛上隐居起来，至今镇江仍然流传着很多他的故事。焦光在小岛上深居简出，悠闲自得，他的亲朋好友一直都没有他的消息。他在岛上修建了一座小房子，又在旁边搭建了一个更为低矮的茅草房，这就是他隐居的地方，一直保存至今。他隐姓埋名，以免被人认出来。他本可以在此平静地度过一生，不料一场大火毁掉了他的房子，使得他被渔民们熟知。从此以后，他常常赤裸着身子在山间游荡，也时常在寒风呼啸、大雪纷飞的时候，露宿在旷野。后来，人们知道了他的身份。皇帝曾多次派人到他隐居的山谷寻找他，三次命令他跟随使者回宫，他却避而不见，使者只得怏怏而归。人们记录下了这件事情，并将这个地方命名为"三诏洞"。

　　焦光的事迹，并非只见诸野史，它也出现在后人撰写的正史中。

　　岛上景观多样，令人惊叹不已。小径蜿蜒，拾阶而上，便可到达山顶。山顶石洞内的石壁上，宋代著名书法家赵孟𫖯题写的两个大字"浮玉"清晰可见。石壁前是另一块突出的峭壁，上面写着"石屏"二字，意思是它可以挡住河面上吹来的北风。焦光隐居的地方，现在仍然存在，变成了人们熟知的"观音堂"。堂前是一片茂盛的竹林，透过竹林，隐约可以看到秀丽的金山。"壮观亭"坐落在小岛东面的山坡上，这里原有一座宝塔，明洪武年间毁于大火，后来人们在这片废墟上修建了先祖殿。"踏北亭"位于小岛的最高峰上，修建于宋朝。站在这里，放眼望去，三岛的风景、镇江周边的乡村、辽阔的江面尽收眼底。

　　皇帝对这些浪漫、古老的传说非常感兴趣，对于它们的历史传承和宗教意义十分重视，要求郑重对待这些神圣的遗址。南巡期间，皇帝下令保留焦山宝塔和隐士隐居

焦山上的皇帝行宫

过的那片废墟，同时要求重建先祖殿，修建迎驾的行宫。行宫修好之后，每年的春秋时节，皇帝端居于山上那豪华的楼阁内，感受江面吹来的徐徐清风，或者在窗边观看鸬鹚捕鱼。一位旅行者说道："我们右侧的水面上停泊着五六只船，船上挤满了捕鱼的鸟。一部分是鱼鹰，一部分是鱼鸭，不过看上去，它们一点儿也不像鹰或者是鸭子。我们招呼一个渔夫，让他把船划过来，得以近距离观察这些鸟儿。它们看样子很轻，站起来有鹅那么高。喙很长，尖端弯曲呈钩状，这和其他捕鱼的鸟没什么区别。背部颜色很深，近乎黑色，长得既像鹈鹕，又像鸬鹚。渔夫一般不愿意出售这些鸟，因为渔夫要费很大工夫才能教会它们捕鱼。这些鸟儿在水中用双脚保持平衡，渔夫有时候会在它们脖子上系上一个松松的圆环，防止它们吞掉捕捉到的鱼。"渔夫们还会把一个圆环套在鱼鹰的腿上，圆环上系一根绳子，防止鱼鹰四处闲逛。他们把鱼鹰拉回船上，用一根长长的、一头带着钩子的竹竿将鱼鹰高高举起。每当鱼鹰偷懒，渔夫们就用这种竹竿勾住它们的脖子，驱使它们老实干活，效果总是立竿见影。

和其他两座山不同的是，焦山上的岩石比较粗粝，高出江面的石壁上写着"瘗鹤铭"三个大字，山上还有两块又高又细的巨石，当地人称之为"海门"。这两块岩石与怀特岛西边的尼德斯的岩石相似。

浙江

杭州西湖
The Lake See-hoo

西湖位于古都杭州附近，湖面宽广，湖水清澈，周边景色迷人，富有浪漫气息，一直是游览胜地。湖岸绵延 20 英里，湖中有两个小岛。这里游客众多，宽阔的堤坝上常常是人流如织，拥挤不堪。湖边到处是楼阁、别墅、宫殿、庙宇、游乐园、花园等各式建筑，大批官员慕名而来，流连忘返。和威尼斯的拉格娜一样，从早到晚，西湖上聚集着为数众多大小不一的船只。那些奢侈华丽的游船后往往会紧紧跟随着一只提供饮食的膳船，膳船上备有各式菜肴，其中包括西湖出产的美味银鳝。中国人不喜欢谈论这些话题，因此有必要摘取一段文章附于此。

我坐在主人右手边，吸引了他全部的注意力，不过，尴尬的是，我并不会使用那双顶端镶银的象牙筷。除了这双筷子，唯一的餐具就是一把细长而锋利的刀子。我无法从盛着浓汤的碗里夹到我想吃的东西，我模仿主人把筷子夹在右手的拇指、食指和中指之间，筷子却总是滑向一侧，因此，夹到的食物便所剩无几。还好最后主人帮我解了围（他一度觉得我的窘境很有趣）。他又给了我两个餐具。这两个餐具刚才还含在其他人的嘴里，用得久了，已经不是那么美观。事实上，我仍然无法优雅地品尝他们的燕窝。对于他们来说，燕窝是上等的食物。燕窝呈细丝状，就像鱼胶一样透明，有点像意大利面，很清淡，没有什么味道。

一开始，我不会用筷子，没有办法品尝各种汤，而汤却是宴会上最重要的部分。筷子带来的尴尬远不止这些。欧洲人一直认为使用筷子的中国人一粒粒地吃米饭。不过，后来我发现，他们是先把筷子插进碗里，把饭碗举到嘴边，张开嘴，将米饭大口大口地扒到嘴里。

码头和渡口边，有马车负责把游客送到远处的花园或者游乐场。这些马车带有顶棚，挂着华丽的丝帘，铺着刺绣的毯子。湖中心的小岛上，修建有富丽堂皇的宅院和华美的凉亭，宽敞明亮。人们会在这儿举行婚礼，或者其他盛大的仪式。

湖面上到处都是盛开的荷花，岸边长满了樟树、乌桕、侧柏等树木。此外，还有玫瑰、丁香、凤仙、杜鹃、百合等花卉。在这些美丽的花朵、葱郁的树林的装点下，四周的山谷更加美丽。众多溪流从山顶奔涌而下，穿过草木葱郁的山谷，汇入西湖宁静的怀抱。

雷峰塔是西湖岸边最古老最有趣的建筑，建筑风格与其他地方的宝塔迥然不同。塔身呈锥形，造型独特，越往上越细，整体显得非常厚重。当地人认为它建于 2000 余年前的孔子时代，塔的底部四层历经千年，保存至今。雷峰塔没有塔顶保护，不过当地气候温和，所以仍然得以屹立至今，塔上的飞檐和塔身的层级仍然可以辨识。塔身装饰有圆头窗，横梁和支撑是红砂石的柱子，墙被涂成黄色，上面爬满了常青藤。13 世纪的马可·波罗是最早记录雷峰塔的欧洲人，当时雷峰塔的高度是 120 英尺，比现在要高 18 英寸。

杭州西湖

乍浦古桥
The Ancient Bridge, Chapoo

乍浦[1]位于浙江北部的杭州湾，是中日贸易的重要港口。

乍浦四周筑有坚固的城墙，城内散布着官府的衙门、富商的宅邸、石塔、寺庙、牌楼等建筑。当地风景秀美，游客往来不绝，皇帝也曾经多次游览此处。

1842年，在英国海军中将威廉·帕克的带领下，英军攻占了乍浦。

古今中外，平拱桥历史最为悠久。乍浦河上的这座桥就是平拱桥，它只有一个孔洞，样式古老，桥台异常坚固。石桥两侧的栏杆上盘踞着雕刻精美的石狮子，桥边还有一座孔庙。不过，随着文明的进步、建筑技术的发展，人们开始修建工艺更为复杂的桥梁。这些桥梁孔洞多达百余个，坚固的桥墩上雕刻着精美的图案。

---

[1] 今属浙江省嘉兴平湖市。——译者。

牛浦古桥

乍浦天尊庙：汤林森上校战死处

Joss-house, Chapoo (Death of Colonel Tomlinson)

战争期间，宗教建筑往往会变成防御要塞，这里曾驻扎着一支勇敢的军队。历史学家们可以举出无数类似的例子，在中国同样如此。教堂往往修建在显眼的高地上，或者隐蔽的峡谷中，或者村庄的中心地带，或者村庄的入口处。教堂内的高塔具有重要的战略意义，哨兵置身塔内，用步枪射击进攻的敌人，给敌方造成很大的杀伤力。因此，在战争中，损失最大的战役莫过于争夺这类战略要地。在对华战争中，英勇的汤林森上校便因此而牺牲。中方士兵在乍浦天尊庙顽强防守，此役也证明了他们军人的勇气。

中国有很多种宗教，宗教建筑也是各种各样。寺庙宽敞宏大，神社又小又寒酸。大的寺庙内常常修建着宝塔等建筑，小的神社大多没有宝塔。无论是大寺庙还是小神社，都居住着修行的出家人，都建有祭坛供香客烧香祭拜、求签问卦，都建有一些举行祭祀仪式的附属建筑。这里除了孔庙、神庙、宗祠、佛寺、道观之外，还有庙宇供奉着王母娘娘、火神、鬼星、贞女、龙王、文曲星、风神、寿星等，他们敬拜的对象数不胜数。尽管中国人的宗教信仰看上去很荒唐，但有一点却值得学习，那就是对各种宗教信仰的包容。

乍浦天尊庙：汤林森上校战死处

浙江富春山
Foo-chun-hill, in the Province of Che-kiang

东汉光武帝尚未显达时，有一个朋友叫严子陵。他是个翩翩君子，辅佐光武帝登上皇位。光武帝非常器重他，经常让他留宿宫中，与他同榻而眠。

正当他飞黄腾达之时，严子陵——光武帝的良师益友、帝国荣誉的缔造者——功成身退，远离权力中心与公众视野，选择做一名农夫，就如同苏拉、马尔伯勒、华盛顿、玻利瓦尔、辛辛那勒斯一样。

富春山位于浙江省，钱塘江入海处。两岸都是悬崖峭壁，怪石林立，瀑布从高山上奔腾而下，猛烈地冲击着下面的岩石。在水流的冲击下，深潭翻腾起层层波浪。山间平地上农舍相邻，周围湖光山色，如诗如画。

富春山就是严子陵的隐居之处。逃离了繁重的政务，这个学识渊博的智者过得非常快乐。种地之余，他主要的休闲活动是钓鱼，为此他甚至开凿了一条直达水池的石梯。石梯一端建有一座垂钓用的凉棚，另一端直达农舍。此地既没有公路，也没有马车，滑杆是唯一可用的交通工具，一条小道则是农舍通往外界的唯一通道。

浙江富春山

湖州的蚕丝厂
The Silk Farms at Hoo Chow

　　诸如种桑养蚕、抽茧缫丝、染线纺线等丝绸生产的种种流程，将会在后文中提及。图中水边的房屋位于湖州近郊，房主是一位富有的丝绸商。浙江湖州被称为"丝绸之乡"，此地土壤肥沃，气候宜人，水利设施完善，历来是浙江最美丽富庶的地方。这里景色优美，富商云集，人口稠密，种植业十分发达。湖州历史悠久，三国时期的吴兴指的就是现在的湖州。

　　黄袍与皇室服饰所用的丝绸都是由湖州出产，富裕的官员也会大量预订这里的丝绸。湖州的丝绸品质上佳，很容易辨别，深受外国商人喜爱。

　　人们把制作好的生丝装入平底的乌篷船中，沿着运河运往各处，中途可能经过层层倒卖，进入纺织丝绸的手工作坊，或者被贩卖到杭州等地的市场上。

湖州的蚕丝厂

宁波城

City of Ning-po, from the River

　　宁波是浙江第四大城市，是一个优良的港口城市。它坐落在甬江和姚江交汇处，交通便利，与日本的贸易频繁。宁波城位于盆地中央连绵数百里的平地上，四周山岭起伏。这里城镇众多，土地肥沃，牛羊遍地，盛产优质的大米、豆类和棉花。土地上沟渠纵横，水利设施完备，灌溉技术发达，远超中国其他地方。水源大多来自四周的高山，溪流顺山势而下，汇入60余条大沟渠中，滋润着沿岸的田地，然后流入甬江干流。四周的高山上植被茂盛，城镇生活舒适安逸，天气晴朗，气候宜人，满眼是苍翠的树木，令人神清气爽，非常适宜居住。英国舰队司令宾汉认为："宁波是我在中国见到的最美的城市。"

　　宁波城墙全长约5英里，由花岗岩筑成，有5座城门。另外，宁波城墙上还有2座拱形的水门，水门外悬挂着吊桥。城内没有什么公共建筑，建筑样式非常单调。市民们长于经商，缺乏艺术品味。除了城内的一座宝塔和甬江上一座300余年的古桥外，其余建筑都乏善可陈。比起广州来，宁波城内的街道要宽广得多，店铺内商品的种类也更加丰富，其中大多是日本的商品。店铺的阁楼伸向街道，看上去有些窄小。

　　18世纪初，清朝政府曾经允许英国人在此经商。由于葡萄牙人和俄罗斯人的多方阻挠和破坏，骄傲自大的清朝政府后来又禁止了英国人的贸易，于是英国商人被迫退往广州和澳门。鸦片战争之后，英国人重新打开了宁波的大门。宁波城的贸易规模迅速超越其他城市，向国外出口丝绸、棉花、茶叶及漆器等物品，换取英国的羊毛和金属制品。

　　鸦片战争发生时，宁波城人口约50万。英国攻陷宁波后，军队大肆抢掠。粮食、白银以及众多的宝物被洗劫一空，其中还有一座大钟。这座大钟制作精美，品味高雅，价值连城。它由铅、铜和银等金属制成，高5英尺，直径约3英尺，钟面上刻着精美的浮雕和各类铭文，浮雕中的人物是印度高僧。大英博物馆东方学者塞缪尔·佩奇先生判断，铭文是梵文，时间为"1839年铸造"。

宁波城

宁波港甬江河口

Estuary of the Tahea, or Ning-po River

甬江水面宽广，沿岸风景秀丽，入海口波澜壮阔，远处高山耸峙。在地势险要的地方修建着防御工事。远处的炮台上陈列着威严的大炮，驻守着精锐的部队。这是一处防御性的炮台，不过需要的时候，也可以主动攻击。舟山群岛是天然的屏障，海面广阔，潮汐汹涌。入海口经常是巨浪滔天，给海上的渔船带来重重险阻。

早在 100 年前，英国人就认识到宁波地理位置优越。1701 年，英国人在定海开办了一家洋行。中国政府允许英国人在宁波城附近经商，但严格禁止他们进入宁波城，不准他们直接与城内商人进行贸易，并将那些触犯规定的人判处极刑。即便如此，英国商人还是成功地结识了当地的官员，并且和他们成了朋友。

甬江入海口的一处山岬顶上长满了茶树和桑树，茶叶和丝绸是当地的支柱产业。同样品质的商品，价格只有广州的一半，因此，为数众多的外国商人远道而来，试图获得在当地进行贸易的特权。不过，刚愎自用而又怯懦的清朝政府拒绝了欧洲商人的请求。皇帝还下了一纸诏令，把英国人赶到了舟山群岛，并且把对外贸易的地点限定在了广州一地。面对这种不公正的待遇，1736 年，"诺曼顿号"商船上的英国商人提出了自己的诉求，试图与宁波当地官员交涉。但是，他们的执着与坚定换来的却是当地官员的雷霆之怒，他们下令关闭舟山的商行，并且严禁百姓向外国商船提供生活必需品。

"阿美士德号"曾经沿着中国海岸进行过水道测量工作，并且探测了宁波港的深处。鸦片战争后，宁波港和甬江被迫对英国，也对世界敞开了大门。

宁波港甬江河口

江南石门 [1]

Shih-mun, or Rock Gates, Province of Kiang-nan

中国人喜爱自然，他们沉湎于江南秀丽的山水中，这远出乎我们的意料，令我们不得不对他们刮目相看。石门上下游数英里的范围内，两岸悬崖峭壁间尽是嶙峋的怪石，不时点缀着一些富饶的农田和高地。山峦背后是乡村，乡村附近有一片沼泽地。山势很高，沼泽里的水无法排入河流内。这片荒野变成了野生动物的乐园，当地居民只好生活在山脚下的水边或者是池塘边。池塘里水产丰富，居民们每年都有不错的收成。平底船在河中航行时，离石门越近，水流越快，待行到夹岸而立的两块巨石间时，水流最为湍急。因此，航行到此处，必须加倍小心。这里山峰挺拔，蔚蓝的天空扑面而来，往往会让人手足无措，无法正确估计船只与山岩的距离，从而撞上山岩。这一带石灰岩居多，但在河流一侧横躺着一种角砾岩，很像大理石。不过，当地人既不用这些岩石烧石灰，也不用它们做装饰用的建材。

商船停泊的码头建在一些很深且十分隐蔽的小河湾里，就在石门一侧粗犷的石柱下。坚固的悬崖下，这些小船随处可见。由于河道变窄，水流加速，冲刷出了这么一片深水区，非常便于航行。深水处水产丰富，人们便训练鱼鹰捕鱼，收获颇丰。因此，渔夫们会花费大价钱从政府那儿获取捕鱼的特别许可。

---

[1] 位于浙江省桐乡市，京杭大运河流经此地。——译者。

江南石门

孔庙大门

The First Entrance to the Temple of Confucius, Ching-hai

镇海位于甬江的入海口，是县治所在地。它位于险要的山上，可以俯瞰整个半岛。山脚的一侧海浪汹涌，另一侧甬江奔流，当地人环绕山脚修建了一条防波堤。防波堤长达 6 英里，高大坚固。堤内的田地宽广平坦，海拔低于堤外的海面。镇海半岛的尽头曾建有一座巨大的炮台，不过炮台已经废弃多时，也没有军队驻守在那儿。在中英鸦片战争期间，当地的百姓由于害怕英国军队，惊慌失措之下，纷纷逃到炮台避难。

孔庙大门

定海恐怖要塞
The Fortress of Terror, Ting-hai

舟山岛地理位置优越，物产丰富，远近闻名，由于鸦片战争的原因，更是为世人所熟知。舟山港景色优美，气候温和，码头修建得尽善尽美，世界范围内无与匹敌。不过，船只进入舟山的时候，必须万分小心，各岛屿之间波涛汹涌，海浪交汇处还有漩涡。居民很早以前就意识到了当地优越的贸易条件，他们修建起了繁华的城市，城市几经更名（最终定名为定海）。清朝第一个皇帝顺治皇帝统治时期，满汉之间的战争给当地带来了巨大的破坏。1684 年，康熙皇帝统治时期，城市得以重建。1700—1757 年，东印度公司在定海修建了一座大型的工厂，马戛尔尼伯爵 1793 年也曾路过此处。

定海[1]的海港名叫舟山港。入海处的堤坝长达 2 英里，安装着潮门和水闸。周围开垦的土地上种植着水稻，稻田间沟渠纵横。定海是中国最东边的城市，为了对抗海盗，政府认为有必要加强当地的防御。因此，清政府在定海建造了 3 座兵工厂、2 个弹药库及其他一些军事设施。另外，当地还有若干处公共机构、官员府邸、票号，以及戏院和佛寺。如果算上舟山港的话，定海总人口 3 万。鸦片战争期间，这个富有美丽的城市两度沦陷。

英军进攻中国沿海地带时，定海惨遭屠城，城市受到极大的破坏。舟山位于杭州湾入口，是杭州湾天然的防波堤，也是抵御外来入侵的前沿要塞。鸦片战争期间，英军轻而易举地攻破了那些清政府认为固若金汤的城池，反倒是那些不起眼的堡垒抵抗力最为顽强。定海附近临海的山岭上建有火力强大的炮台，但统统中看不中用。有些炮台修建得太高，打起仗来完全不起作用，还有很多炮台毫无掩护，完全暴露在英军的炮火之下。在一处海拔 200 英尺的高地上，有一座毫不起眼的堡垒，被称为鬼门关，堡垒内的清军使进攻的英军伤亡惨重。堡垒中的中国军队作战勇猛，其勇气令人敬佩。不过，这支中国军队的损失也很大。原因有二：一，英国军队训练有素、纪律严明，富有民族勇气。二，中国人对于现代战争完全一无所知，没有现代化的战争武器。因此，虽然第一次战争之后中国军队加固了高山上的这些炮台，但是由于英国海军已经广泛使用蒸汽船，这些炮台并没有起到预期的效果。

---

[1] 今浙江省舟山市。——译者。

定海恐怖要塞

普陀山上宏伟的佛寺
The Grand Temple at Poo-too, Chusan Island

　　普陀山位于舟山群岛，它是中国四大佛教名山之一。岛上庙宇众多，威严壮丽。全岛面积不足 12 平方英里，仅有 2000 余名居民，却有 3000 余名生活简朴的僧侣。舟山群岛总共包括 300 余座岛屿，尽管大多数岛屿都比普陀山面积大，土壤也更肥沃，但它们的名声却远远不如普陀山响亮。普陀山山势多样，景色各异。远远望去，远比其他岛屿雄伟壮观，不过一旦你置身山中，便会发现它是如此安静祥和。岛上有 400 余座寺庙，其中一座被称为"大庙"。大庙坐落在一条深长的峡谷中，峡谷中土壤肥沃，绿树成荫，两岸悬崖高耸，个别高达上千英尺。峡谷中，一条小溪缓缓流淌。沿着山谷前行，首先映入眼帘的是两根高高的旗杆，拾阶而上，便可抵达庙门口。寺庙前部是两层楼高、成排的僧房，僧房上装饰有飞龙的雕塑。清军入关占领南京后，皇帝下令将明朝皇宫的砖瓦拆下，赐给了普陀山中的寺庙，用来修建寺内建筑。在阳光的照射下，数里之外都可以看到这些金光闪闪的建筑。僧房之后是寺院的标志性建筑——多宝塔。庙门外的基座上屹立着一座巨大而精美的石质十字架，这是这座寺庙与众不同之处。康熙帝在位期间，曾经友好地接见过那些远道而来的西方传教士，想必普陀山的僧人也很熟悉这些传教士，十字架便是明证。这同时也证明，仅就祈祷方式来说，澳门的葡萄牙人和普陀山当地人并没有什么区别。当地的百姓把救世主和圣母玛利亚的形象杂糅进当地的宗教中去，创造出一种新的形象，并且放在寺庙与商店中公开出售。商人们经常到此祈求财运亨通，他们也会求些随身携带的护身符以及一些符咒，以保佑他们满载货物的商船平安归来。

普陀山上宏伟的佛寺

定海云谷寺佛像
The Altar-piece in the Great Temple, Ting-hai

图中的作品既非简单的绘画，也不是单纯的雕塑，而是这二者的结合，在某种程度上揭示了佛教的起源。浮雕主体由大块的木头雕刻而成，部分涂以水泥，上覆鲜艳色彩，金碧辉煌。庙内神龛中供奉着鱼篮观音，观音周围环绕着众多小型雕像，它们一个个都恭敬地仰望着观音。供桌上也摆满了各式各样的小雕像，陈列着烛台、熏香等物品。香客们不分贵贱，都虔诚地叩首祈祷。远处不时传来阵阵钟鼓和银铃的声音，甚至可以感受到巨大的锣鼓在震动。

云谷寺除了观音像，还有众多的佛教壁画、高僧的遗物及各类奇珍异宝。这里和定海其他的寺庙一样，都会向香客展示这些物品。这里有一头漂亮的充满灵性的白象，是暹罗国的馈赠。寺院给予这头白象无微不至的照料，但过来膜拜的香客却屈指可数。

定海云谷寺佛像

舟山山谷
The Valley of Chusan

这张全景图完美、逼真地呈现了舟山群岛壮美的风景。这片群岛中，山、海、树木、荒野和耕地搭配得十分协调，令人赏心悦目。尽管舟山群岛远离陆地，但岛上呈现的一切充分证明中国人很早之前便已经掌握了优秀的耕作技术。这幅全景图充分反映了当地的气候、农业和民族习惯。这里冬天不像北京那么寒冷，夏天也不像广州那么闷热。舟山的农民一年四季都要劳动，在这片肥沃富饶的土地上，每个季节都有收获。在这里，人们平静而节制地生活着，他们大都长寿，很少生病。英国人初次踏上这些小岛时，对这些情形一无所知。

舟山谷

定海郊外
Scene in the Suburbs of Ting-hae

中国没有法定的节假日，也没有感恩节，老百姓往往很容易超越礼法，找到机会便会狂欢一场。因此，生活中他们会在一些很平常的事件上大做文章，把它变成一场狂欢。狂欢中，他们会组织盛大的游行，游行队列中的每个人都分配了角色。中国人比较喜欢开一些漫无边际的玩笑来取乐，这些玩笑无伤大雅，不含人身攻击。

定海是一座古老的商业城市，人口稠密。居民们喜爱参与欢庆活动、公开的表演及宗教仪式。在这片土地上，欢庆活动触目皆是。你可以在山间、在河边、在林下、在海湾里、在荒野上、在田地中、在断壁残垣与名人牌楼旁、在土地庙内，看到各种欢庆活动。在自然背景的衬托下，它们显得无比浪漫与欢乐。定海的郊外有一条小河，河上修建了一条石板桥。岸边长满了莎草和灯心草，旁边还建有一座牌楼，景色十分秀丽，这里便是从城中赶来参加欢庆活动队伍的舞台。和古希腊、古罗马，以及古埃及一样，这里的人们把欢庆游行和宗教传说、神话故事联系在一起，他们有数不清的理由与借口这样做，尽管这些理由听起来对神可能不够尊重。

在一个临时搭建起来的棚子或者其他建筑下，摆放着各种水果、糕点，以及各式各样的美味佳肴。活动参与者聚集在这里，念诵经文，敲钟鸣笛。神祇对于供品总是无动于衷，信徒们便只好把它们一分了之，有的人借此饱餐一顿，有的人把自己分得的食物散发给喧闹的围观人群。整个仪式显得毫无神圣感，人们只是在寻求欢乐。

定海郊外

攻占定海
Capture of Ting-hai, Chusan

"1840年7月5日，英国女王陛下的旗帜在这座美丽的中国小岛上迎风飘扬，这是欧洲国家的旗帜第一次插在这座开满鲜花的小岛之上。"战事进展异乎寻常地顺利，两点半左右，"威里士里号"战舰率先开火。中国的战舰与炮台上的大炮马上予以反击。几分钟内，英军其他军舰一起开火，舟山的码头、要塞和建筑顿时陷入一片火海。英军随即展开登陆作战，但见海滩旁尽是死于炮火的清军士兵的尸体，折断的长矛、刀剑、盾牌和火绳枪到处都是。英军步步为营，逐渐逼近定海城下。第二天早晨，英军搭建云梯，开始攻城作战。"短短的几分钟内"，英军便占领了定海。第二年的10月1日，英军再次来到舟山。对中国政府的欺诈行为和言而无信，他们深感不满，决意屠城以示惩戒。守卫定海的葛云飞总兵早有防备，带领中国将士进行了英勇的抵抗。但是，两方力量对比悬殊，中方军队惨遭屠戮。而英国军队的伤亡情况是"2人战死，28人受伤"。

舟山西高山[1]下的英军营地
British Encampment on Irgao-shan

舟山群岛位于杭州湾东部，包含上百座岛屿，过去曾经与陆地相连。由于季风与潮汐的缘故，河流冲积出来的泥沙已经消失不见，只剩下金字塔一般的岩石小岛。各岛屿之间水流迅疾，在这里航行，船只会遇到种种危险。只有那些熟悉地形的当地人，才有办法在岛屿间往来穿行，进行商业贸易。岛上的山岩原始粗犷，多是些红色或灰色的花岗岩。地表构造十分奇特，陡峭的山峰高达1500英尺。走遍舟山群岛，你都找不到一处面积超过一平方英里的耕地。

舟山岛是群岛中最大的一座，群岛也以它来命名。舟山岛周长50英里，长20英里，最宽处10英里，最窄处仅有6英里。定海县是宁波府的属县，舟山是定海县城所在地。从海上远望，岛上的风景格外迷人。但见群山耸峙，多姿多彩，峡谷沿着山脊蜿蜒而下，在入海口被防波堤截断。防波堤很高，上面还安装着闸门。来到岛上，在群山之间的峡谷中，你会发现水稻、棉花、大麦、玉米、甘蔗、烟草、茶树等粮食作物与经济作物，以及桃树、李树、矮栎和杨梅等树木，它们把大地装点得无比美丽。而在树木丛生、蓊蓊郁郁的高山上，你会发现很多富丽堂皇的佛教寺庙。岛上一条汹涌的河流也没有，只有无数纵横交织的涓涓细流。它们分布在田间、山中，最终汇入当地人精心修建的水库里。英军攻占定海之后，第26步兵团一度驻扎于此。

---

[1] 位于舟山市岱山县。——译者。

攻占定海

舟山西高山下的英军营地

福建

福建武夷山
Woo-e-shan, or Bohea hills, Fo-kien

武夷山的好茶闻名于世，武夷山的传说同样也令人难以忘怀。陡峭的山岩、静谧的洞穴、高耸的山峰，处处都有动人的传说。武夷山区群峰耸峙，多达 36 座，都是石灰岩，怪石随处可见。蜿蜒的九曲溪为山间单调的地貌增色不少。你可以在当地人的诗歌中，在他们的传说里，发现九曲溪上任何一块石头的名字，听到它们动人的传说。

武夷山得名于一位经常光顾这里的神明——武夷君。每次从天宫下凡，他都会降临这里，在三十六峰中选择一处居住。传说，有一位神王名叫钱铿[1]，他把皇宫建在最高峰的山顶，宫殿四周都是悬崖峭壁，凡人难以企及。他有两个儿子，大儿子名武，小儿子名夷，他把皇位传给了大儿子，这样只有大儿子可以登上山顶，进入皇宫。我们无从知晓那座神秘的皇宫是否真的存在，只知道那座无法攀登的山叫大王峰，也叫天柱峰。

西方人把武夷茶叫做 Bo-hea，这个词指的就是"武夷山"。

---

[1] 即彭祖。——译者。

福建武夷山

厦门城入口
The Entrance into the City of Amoy

福建厦门是一个港口城市，当地土地贫瘠，居民主要以经商为业。这片天然的内河港口水面宽阔，可以停泊上千艘船只，港湾很深，可以停泊大型的船只。这里还有许多来自暹罗和越南的商船。还建有一座英国的工厂，后来由于清朝政府反对，工厂被迫迁往广州。厦门曾是中国海上贸易的中心，这里有着优良的海港和码头，居民富有航海经验。虽然宁波通往内陆城市的交通更为便捷，对内贸易昌盛，但是厦门对外贸易更为繁荣，已经赶超了宁波。厦门建有很多公共建筑，它们大都很华丽，但并不怎么雅致。

厦门城的城门高大宏伟，上面装饰有龙的浮雕，镌刻着儒家的格言。城门顶端呈船型，上面绘着两条鱼。与象征着皇权的龙相比，鱼更能代表这个城市。这片水域盛产深水鱼，居民多以捕鱼为生。长久以来，这里便驻扎着军队。另外，还建有铸炮厂和造船厂。

厦门城门入口

从鼓浪屿看厦门

Amoy, from Ko-lang-soo

　　鼓浪屿是一个富饶的小岛，坐落在一个平静而隐蔽的小内湾里，四面被重重包围，从而使得东来的风浪无法侵袭。鼓浪屿风景宜人，岛上建有水景喷泉。不过，附近海域海匪横行，很多船只惨遭洗劫。人们每天晚上都能听到"红衣大炮"的轰响，以此来提示海湾内的船只随时做好准备抵御海匪。

　　从鼓浪屿望去，海港上风景秀丽，生机勃勃，一片欣欣向荣的景象。脚下深邃的海峡中，挤满了各式各样的船只。厦门岛伸向海中的那片区域一片荒凉，再远处便是第二条航道。远处花岗岩堆积的山峰横亘在大海和陆地之间，山水相连，令人心旷神怡。

　　厦门是附近重要的商业中心，也是有名的深水良港，濒临的岛屿有效地阻挡了风浪，因此很适合停泊船只。港口水面宽阔，可同时容纳数千艘船只停泊。有一个时期，大约有200余艘船只往来于日本与中国台湾间，从事贸易活动，厦门海关的税收也是福建省税收的重要组成部分。后来，海上贸易的中心转移到广州，厦门停泊的船只骤减。港口外有一座岛，在岛上可以监视进出港口的船只。军队就驻扎在山顶上，居高临下俯视着这片区域。

从鼓浪屿看厦门

从外港看厦门
Amoy, from the Outer Hanbour

　　杜赫德[1]旅居中国之时，厦门的商业便已经十分繁荣。如果清朝政府允许自由贸易，那么美丽的厦门必定会成为中国东部的贸易中心。"厦门是著名的港口城市，海港外侧有一座岛屿，岛上的高山阻挡了由海上吹来的狂风。港湾十分宽阔，可以容纳上千船只同时停泊。海水很深，即便是最大型的船只，也可以安全停靠。海湾内随时都可以发现中国的平底船。而在20年前，这里还停泊着很多欧洲来的商船，不过，现在你几乎看不到它们了，它们都驶向广州去了。当地有六七千驻军，指挥官是汉人。澎湖列岛位于厦门与台湾之间，岛上驻扎着中国军队，负责监视往来于台湾海峡的商船。"

　　许多年之后，郭士立[2]重访厦门，发现这里几乎没什么变化，风景还是那么秀丽，人民还是那样和气，政府仍旧充满敌意。不过，城市规模却变大了很多，它方圆16平方英里，人口超过20万。城内的居民区中修建了很多规模宏大的寺庙，狭窄的街道边耸立着高高的宝塔。当地穷人很多，财富集中在少数人手中。

　　鸦片战争后，厦门作为通商口岸，对外国商人打开了大门，这必定会给厦门当地百姓带来发财致富的机会。现在，已经有一支由200艘平底船组成的商队往来于台湾与日本之间，积极地从事两地间的贸易。福建省的主要财政收入便来自厦门港的税收。

---

[1] 法国神父，著名汉学家。——译者。

[2] 郭士立（1803—1851年），德国传教士和汉学家，同时也是鸦片贩子和间谍。——译者。

从外港看厦门

厦门古墓
Ancient Tombs, Amoy

越是深入了解中国的历史和风俗习惯，越有利于我们理解它与周边国家的相似性。如果在各类仪式中，两个国家或者民族具有相似或相同之处，那我们便可以得出结论：它们具有相同的源头。我们可以在其他东方国家的婚礼仪式上，找到它们与中国婚礼仪式的相同之处，也可以在目前仍然盛行于中国的丧葬仪式中，发现其他国家历史典籍所描述的场景。出于好奇，也是为了消遣，英国探险队从厦门出发，爬上周边的花岗岩山峰，发现了一座古墓。古墓位于一处洞穴内，洞穴好像是一处废弃的采石场。古墓外表古旧，饱经风霜侵蚀。墓主人显然是达官显贵，洞穴前是一座精心设计的椅子坟，其后是一条长长的石阶，石阶尽头有一处造型奇特的入口，入口顶部呈双曲线，由四根原木支撑。坟墓应该是在很早以前挖掘的，人们把石头挖空，腾出一片平整的空地，然后修建起层层的阶梯，在两旁石壁上画满各种图案。他们砌起实心的墙，把墓室封闭起来，死者的尸骸便被放置其中。主墓道两侧分布着上百个墓室，一些墓室内盛放着棺材，一些墓室内则空无一物。这表明，中国和其他东方国家一样，很早之前便开始把死者葬在地下墓穴里。

在远古时期，埃及人为死者建造金字塔与迷宫，腓尼基人和希腊人则在城邦附近的山中掏出一个石洞埋葬他们父辈的尸骨。罗马、那不勒斯、巴黎等地的人们建起宽敞的地下墓穴。而地中海附近的非洲人，早在他们之前，便可以修筑更为雄伟的地下建筑了。在厦门，人们会在墓穴的门上或者墓道两旁的石壁上刻字或者绘画，绘画的内容无外乎歌女舞姬、奴仆、马匹等，都是墓主人生前娱乐与驱使的对象。通过观察这些墓穴，我们了解到了古代中国人的生活方式，体会到中国深厚的历史底蕴。我们发现，尽管时代变迁，中国人的某些习俗却基本没有改变。

古代中国曾流传一个习俗，帝王或者王子下葬的时候，常常会将他们的妃子和一些奴隶活埋，作为殉葬品。土耳其人则不然，他们选择在死去的帝王坟前焚烧用锡纸做成的各种帝王用品，以及少量的木制品。在希罗多德[1]的记载中，用活人殉葬这种现象盛行于西亚诸民族间。在部落首领的葬礼上，他的妻妾、仆人和马匹都要被杀死，然后放置在其坟墓周围。埃及壮丽的金字塔上雕刻有象形文字，它们记述着死者曾经拥有的煊赫权力，以及陪葬的奴仆数目。而厦门墓穴中的岩石上书写着同样的内容。

---

[1] 古希腊历史学家，代表作为《历史》。——译者。

厦门古垒

从古墓远眺厦门

City of Amoy, from the Tombs

　　这幅精美的全景图描绘的是厦门港。站在山顶的古墓上，城市和城墙尽收眼底。城墙外的郊区一带，密密麻麻的都是居民的住房。远处的海湾里清风徐徐，商船往来如梭。海湾看上去就像一个内陆湖，周围高耸的群山犬牙交错，山石多是花岗岩。鼓浪屿在海湾的外侧，仿佛一道天然的防波堤，把惊涛骇浪阻挡在海湾之外。海湾内一向风平浪静，常年都有船只停泊，待到天气适宜，随时可以扬帆远航。

　　广州官员态度傲慢，举措不当，使得很多商人离开广州，来到了厦门。珠江流域的航行漫长而又无聊，并且中途困难重重。与之相反，在厦门不用远航，海湾又深又广，往来自由，毫无障碍。从广州启程前往海上，要经过数道关卡，同样十分麻烦。而在厦门，只需停泊在海湾之中，静等有利的天气。英国外交使团和远征军还认为，比起其他港口城市，厦门当地人对外国游客和商人更加友好，也更为慷慨。

　　战后，清朝政府废除了广州的贸易垄断权。在所有新增的通商口岸里，厦门离广州最近，相信它的对外贸易很快就会发展起来。厦门人生性喜欢与人打交道，这有利于对外商业往来。厦门与西方国家的关系必定会更为紧密、更为持久，恐怕这并不是中国政府希望看到的结果。

从古塞远眺厦门城

厦门附近掷骰子的人
Dice Players, near Amoy

阿贝·格罗西亚曾断言，中国人不喜欢任何形式的赌博。然而，恰恰相反，中国底层的百姓对于赌博的热衷程度，远非其他国家可比。他们不喜欢体育运动，对于那些有益于保持身心健康、开阔心胸的体育运动，往往无动于衷。对他们来说，捕鱼纯粹是一种谋生的手段，而并非简单的娱乐。他们使用各种工具来捕鱼，如托网、围网、陷阱、鱼叉、弓箭，以及鸬鹚等等。同样，为了保护庄稼不被动物破坏，他们也是想尽办法来狩猎。对他们来说，捕鱼、捕鸟和狩猎不是单纯的娱乐，看戏、放风筝、打板球、斗鹌鹑、抽签算命、猜拳行令、打牌、掷骰子等才是纯粹的娱乐，这些娱乐方式也得以风靡中国。

图中的墓地开凿在山间，风景秀丽，本是一处极其幽静的场所。一伙赌徒来到了这里，打破了墓园的宁静，惊扰了逝者的安宁。他们把一张竹席铺在地上，便开始大肆赌博。

与古老的欧洲不同，中国并不制止赌博这种行为。据我所知，在欧洲，那些赌徒和败家子为社会所唾弃，还被强制要求佩戴一种表示羞耻的物品。塞内加认为，赌博赢来的财物是"魔鬼的诱饵，而非上帝的恩赐"。另一位智者认为，一旦沉迷于赌博，一个人终将坠入贫困、悲哀、耻辱的深渊。阿德里安皇帝把赌徒称为浪子和傻瓜，呼吁社会谴责这些败类，号召所有社会团体驱逐他们。皮奥夏人将一个空钱包挂在败尽家财的赌徒脖子上，强迫他坐在大街上的一块石头上，人们称这块石头为"浪子之椅"，围观的人群会对他百般嘲弄。帕多瓦参议院附近目前还能看到类似的"卑鄙之石"。在早期的欧洲，人们认为应该指定监护人去看护赌博者的财产，监督赌博者的行为。这与现代社会中，政府遵照法律，保护那些精神失常者的人身和财产安全一样。

晋江入海口
The Entrance to the Chin-chew River, Fokien

占领了厦门之后，英国舰队继续北进，来到了晋江入海口，泉州便坐落在晋江南岸。泉州是鸦片走私贸易最为繁荣的地区。中国人针对远征舰队所设置的防御阵地很简陋。英军的一支小分队奉命在晋江北侧的一处悬崖下登陆，不远处便是中国军队的战舰。英军甫一登岸，还没有怎么开火，阵地上负责操纵大炮的中国士兵便落荒而逃，黄铜铸造的大炮和所有的弹药全部落入了英军之手。这些战利品造价高昂，并不仅仅是荣誉的象征，仅在镇海一地缴获的大炮价值就超过一万英镑。

晋江是通往泉州的交通要道。泉州是一座重要的商业城市，地理位置优越，贸易繁荣，仅次于极个别大城市。城内分布着众多牌楼、寺庙及其他公共建筑。街道极其宽阔，令人印象深刻。泉州城历史悠久，人口稠密，下辖7个县。

厦门附近掷骰子的人

虎门沙角炮台

广东

庾岭 [1] 隘口
Landing-Place at the Yuk-shan

　　赣江曲折蜿蜒，沿途风景秀丽，尤以大庾岭石桥一带为最。山脊处是裸露的花岗岩，从人迹罕至的山顶一直延伸至人们聚居的山脚，顺着江岸逶迤而去，沿途尽是嶙峋的怪石与暗礁。这儿土壤还算肥沃，可以种植粮食作物，因此人们在此修建房舍，安居乐业。江岸的一侧建有一处收税的关卡，关卡门前龙旗迎风招展。负责收税的官员端坐在门前，一旁侍立的仆役撑着一把大竹伞，为他遮挡阳光。税务人员正在检查往来的商旅，没收违禁物，还有一些人在修补破旧的平底船。商人们把原产于梅岭以北的茶叶、丝绸、棉花等货物装上平底船，运往此处。迷信的中国人对九孔桥心怀敬畏。商旅远远望见这座桥的时候，便会换掉舢板船，以免厄运降临。

　　大庾岭河道上的这座九孔桥远近闻名，但却只有几步宽，建筑师当时就是这样设计的，"一匹栗色快马可以通过便足够了"。建筑师根本就没考虑末端压力和侧向压力这些问题，好像他们也没有这些概念，他们在设计初始只考虑材料的强度，桥墩是否垂直，水泥的黏性是否足够。作为皇帝顺从的子民，他们也不敢驱赶牛群上桥。

---

[1] 位于江西与广东交界处，"五岭"之一。——译者。

庾嶺臨口

小武当山
The Wootang Mountains

　　梅岭山区位于江西南部，这里峭壁林立，形态万千，造化之巧妙，远超乎人们的想象。上游贡水，发源于石南县石寮岽（武夷山南段），地势变化多端，是出于自然女神的妙手偶得。在小武当村和南康府之间，耸立着一块巨大的山石，它的存在完全不符合重力的法则，就好像由黏性极强的粘合剂粘在一起似的。梅岭北部，山脉连绵不绝，气势雄伟庄严。

八达岭

石潭瀑布
The Cataract of Shih-tan

　　江南[1]与湖广[2]接壤，西部多是干旱而贫瘠的山区，但河流分布甚广，水产丰富。然而在湍急的瀑布的冲击下，河床深不可测，底部尽是崎岖的山石，因此这些水域不易接近。山上的岩石以花岗岩居多，山间湍急的溪流底部还有一些坚硬的、凹凸不平的板岩。在这座海拔 1500 英尺的高地上，周围数百平方英里的水最终都汇入了一条河里，水流从峭壁上飞流而下，落入一片开阔的石潭里，场面十分壮观，令人叹为观止。对往返于这两个省份的商贩来说，两山之间的峡谷是他们的必经之路。政府在这里修建了关卡，征收关税。商旅还会向山神和河神献祭，他们拿出一笔钱，请僧侣来做法事，祈求神明保佑他们平安通行，特别是七叠瀑一带。

　　当地风景秀丽，七叠瀑一带的悬崖峭壁上长满了桐树。桐子可以榨油，制成昂贵的油漆。峭壁两侧还生长着高矮不齐的茶树和松树。当地山民的主要谋生手段是运输稻米，榨取桐油，调制油漆。

---

[1] 清朝省级行政单位。其范围大致相当于今江苏省、安徽省和上海市。——译者。
[2] 清朝省级行政单位。辖地为今湖北、湖南全境。——译者。

石潭瀑布

西樵山 [1]

Se-tseaou-shan, or "the Western Seared Hills"

广州城西大约 100 英里处，群峰耸峙，连绵不断，十分秀丽壮观。山巅常年云雾缭绕，众多河流发源于此，汇入航运便捷、丰饶富庶的西江。当地怪石嶙峋，风景秀丽，流传着众多浪漫的民间传说，为旅行者和说书人世代传唱，但这并不是当地唯一、也不是最宝贵的财富。这里还有丰富的黄金、珠宝、锡、水银、铜、铁、硝石等矿产资源，沉香木、乌檀木、香木等珍贵木材，丝绸、糖等经济作物。当地人通过辛勤的劳动，利用高超的技艺，把这些资源开发出来，转化为财富。群山周围的平原地带，农业发达，经济富庶。以上种种有利条件，使得广东成为帝国最富庶、最商业化、最开明的省份。

西樵山宛如一条游龙，蜿蜒曲折，方圆 40 余里。山区四周有 4 条又深又宽的河流，分别被称为简村、沙头、龙津、金瓯。从最高峰开始算起，72 座醒目的山峰连绵起伏，就像瞭望塔一样环绕着中心塔楼，又像百合花瓣一样围绕着中间的花蕊。山峰中有一片宽广而富饶的谷地——云谷。大科峰、碧云峰、紫云峰和黄云峰这四座山峰形成了一道天然的屏障，阻挡了东面吹来的大风。西北面是白云峰、太尉峰、翠云峰和狮子峰，山峰层峦叠嶂，从"百合花蕊"逐渐上升，到达顶峰之后，又依次下降，最后便来到了河边。山脚下，河流平静地流淌，流向不远处的澳门。

西樵山的居民主要通过捕鱼来换取生活必需品。钓鱼过于乏味，他们更愿意用细密的渔网捕鱼。平底船上放着两根竹竿，把两根竹竿的一端捆起来，另一端架起一片渔网。渔民先把捆起来的那一端高高升起，把渔网沉入水中，利用鱼饵把鱼引入渔网。待到时机成熟，便将渔网拉出水面。船尾站着一个水手，时刻准备收网，这和香港渔民们捕鱼没什么区别。

---

[1] 位于广东省佛山市。——译者。

西樵山

鼎湖山 [1] 瀑布
Cascade of Ting-hoo, or the Tripod Lake

　　鼎湖被称为中国第二潭，水面宽广，潭水很深。四周的山岭秀丽，物产富饶，居民富庶。当地湖泊星罗棋布，湖内生长着各种各样的鱼。河流中的矿石富含金、铁、锡、铜等金属。周围的山岭中，还出产作画用的青金石和绿岩。山崖间贫瘠的土壤中生长着很多松树，当地气候温和、空气湿润，树木生长快。因此，比起中部省份来，当地建筑中松木更常见。河谷中生长着成片的桔树、柠檬树和香橼树。阳光明媚的日子里，山脊上到处是深色的雪松，大群的野鹿在这片林地里生殖繁衍。当地用竹子造纸，利用野蜜蜂制蜡，它们是当地的主要物产。

---

[1] 位于广东省肇庆市东北部。——译者。

鼎湖山瀑布

韶州 [1] 广岩寺
Temple of Bonzes in the Quang-yen Rock

北江发源于梅岭，流经广东各地，沿岸风景如画，经济繁荣。河床处，砂岩构造与石灰岩构造泾渭分明，只有一处例外。这里，一块高耸的砂岩兀然立在江中，把北江一分为二。韶州府城位于巨石以北数里处，城墙是砖石结构，附近的河流非常适合航运。一座浮桥横跨河面，浮桥很轻便，船只通过时，可以随时拆卸。河流平静地流淌，航行的船只远远地就能望见附近陡峭的悬崖。山岩高出水面700英尺，顶部呈圆柱形，被称为广岩。岩石脚下有一座高出水面数英尺的开阔码头。从码头登岸，沿着长长的石阶走上去，便来到了一座佛寺前。佛寺修建在山岩细缝间，寺内有很多修行的僧侣。

[1] 今广东省韶关市。——译者。

韶州广岩寺

肇庆府附近的西樵

Hea-hills, near Chaou-king-foo

广东西部群山起伏，矿产资源丰富，出产大量的珍稀木材，也是众多河流的发源地。这里群峰高耸，峭壁林立，有些悬崖甚至耸立在河床之上。山脚下，河流时聚时散，山底有很多溶洞。溶洞异常美丽，瀑布飞流直下，即便是正午时分，阳光也无法照进这里。如此美景，在反射进洞中的微弱日光下，隐约可见。

上天造化是如此慷慨，不仅赋予西樵如画的景致，还馈赠给它肥沃的土壤。西樵地区，河流穿梭于群山之间，两岸虽然土地贫瘠，却蕴含着丰富的矿产与木材。当地的居民已然心满意足，他们在山顶、山坡间辛勤地劳作。长久以来，人们已经习惯了水上的生活，那些靠往广州运送矿石和木材为生的人更是如此。他们生活在粗糙、牢固的木筏之上，为数众多的木筏聚在一起，几乎可以说是一座移动的村庄。山区内有丰富的银矿、铁矿以及制作印度油墨的珍贵石矿。这些石材或是深紫色，或是蓝紫色，还有些带有红紫色条纹，经过精细的研磨，制成油墨，价值堪比黄金。

除了锡矿、银矿和铁矿之外，这里还蕴藏着金矿、汞矿，以及其他珍贵的矿藏。此外，本地还盛产热带水果、玫瑰花和铁木。孔雀是英国人非常喜爱的一种鸟，长久以来在这里生殖繁衍，可以说是当地的"土著"。在这片人间仙境中，还生活着一种外貌丑陋的黑猴子和一种可以分泌致命毒液、肆无忌惮地袭击其他动物的老鼠。河流则是另一种凶猛的动物的地盘，它类似于英国的水獭，经常会攻击河岸边的百姓，对人造成巨大的伤害。

肇庆府附近的西樵

七星岩
Tseih-sing-yen, or the Seven Star Hills

广东西部富有浪漫气息的 72 座山峰里，七星岩尤为吸引人，它不仅展现了当地秀美的自然风光，还反映了当地优良的耕作传统。这里山岩形态各异，线条优美，即便最粗心的观察者也不会忽略它那独特的地质构造。在广东恐怕再也没有一个地方能像这里一样，全方面、直观地展现南方农民谋生的手段。沧海桑田，地势变迁，现在的山谷在远古之前可能是幽深的海底，事实上，山谷中的土壤正是由水流冲积而来，这恰恰证明了上述说法。中部地区怪石嶙峋，既是当地的特色，也是地名的由来。石灰岩在风雨的侵蚀下，或者是海浪的冲刷下，形成了众多奇形怪状的岩洞。然而，不远处海拔 500 英尺、傲然耸立的五峰山却是花岗岩构造。山岩上凸起的部分经过人们的打磨，变得十分光滑平整。原本贫瘠的土壤经过人们的辛勤开垦，也变得肥沃起来。一些贫瘠的山地种植着众多茶树，比起肥沃的土地，这里出产的茶叶品质更佳。人们有时候会把山谷中肥沃的土壤挑上山，铺在岩石上，然后直接在上面耕种。他们想尽办法开垦土地，不过有一个前提，那便是山谷中的土壤要足够深厚。当地的人民吃苦耐劳，干起活来不知疲倦。七星岩陡峭的山崖间遍布着农家小院，家家喜气洋洋，农舍周围栽满了桑树和茶树。由于缺乏土地，平原地带的贫民为了生存，不得不背井离乡来到贫瘠的山区谋生。他们利用祖祖辈辈传下来的耕作经验，很快便在山区安定下来，过上了丰衣足食的幸福生活。当地人民广泛种植水稻，还在珠江上修筑了两条运河，既可以灌溉，又方便了航行与运输。

七星岩

五马头山
Ou-ma-too, or Five Horses' Heads

　　北江发源于广东西部的群山之中，在虎门入海，全长 350 英里。上游两岸是悬崖峭壁，一侧是砂岩，一侧是石灰岩。江面很窄，两岸的岩石近在咫尺，触手可及，宛如一道高高的拱门，往来的船只在其间穿梭不停。置身在幽暗、阴森的狭长河谷中，你会有些许不安与惶恐。两岸的山石并不稳固，陡峭的悬崖上每年都会掉落些巨石，阻塞河道，影响船只通行。幽深的河谷长达数英里，两岸峭壁高耸，如果有小船不幸被乱石砸中，沉入水底，那么即便是最擅长游泳的水手恐怕也无法逃生。一艘驳船的残骸碎片在汹涌的波涛间时隐时现，不停地提醒着我们随时可能降临的危险。驶出暗无天日的峡谷之后，呈现在眼前的是美丽富饶的山岗。山岗上松树林郁郁葱葱，灌木丛中点缀着美丽的山茶花。江边的峡谷里种满了烟草，烟草田间散落着众多低矮的茅草房。这种场景在北江上游比比皆是，也是其一大特色，与其他南方河流沿岸的景致迥然不同。

　　邻近韶州府，北江两岸再次变得荒凉起来。东江、西江、北江三条河流在此交汇，交汇处是一片矿区，贸易频繁，经济发达。当地人出行主要依靠渡船，渡船上的船工多是妇女。比起其他地方的女性来，她们的社会地位很低，不够妩媚漂亮，却更加吃苦耐劳。在中国，那些富贵人家的女性往往是大门不出，二门不迈，远远没有基督教国家中的女性自由。对岸有座城市与韶州府隔江相对，两座城靠一座浮桥连接。浮桥中间部分可以拆卸组合，以方便船只通行，在必要的时候，还可以阻止陌生人入城。

　　五马头对岸的山峰陡峭险峻，山上怪石嶙峋，腾空伸展。沿着山间石径，可以从山脚直达最高峰，石径两旁随处可见古代建筑的断壁残垣。站在山顶，举目四望，远处的江面烟波浩渺，气象万千。江两岸是贫瘠荒凉的低地，山谷里有很多细若游丝的小溪流，仿佛一道道银线，蜿蜒数英里，流入韶州府附近的北江。

五号头山

英德县[1] 煤矿
Coal Mines at Ying-tih

中国煤炭资源丰富，尤以梅岭山区为最。北江从这里发源，在群山之间曲折流淌。勤劳的当地人把煤炭开采出来，装运到船上，顺着河流运往下游众多的瓷窑。煤矿周围荒凉而又原始，英德县也不例外。先前这里到处都是松林，后来矿工把森林砍伐殆尽。如果不是矿工居住的窝棚和矿主的办公室建在这里，你完全想象不到会有人生活在这里。为了谋生，这里聚集了众多的矿工，他们在悬崖顶上修建起了简陋的茅草屋，还有些干脆就居住在矿坑中。这里没有升降机等大型机器，当矿井越来越深，或者矿坑中充满积水的时候，矿工们便没有办法把煤炭运到地面上。不过，他们找到了一种更经济、更省事的办法。他们挖掘了一条水平的坑道，一直延伸到峭壁上的山岩前方，然后在峭壁上开了一个洞口，这样可以轻松地排除矿坑中的积水，还可以把煤直接从坑口卸到驳船上。悬崖底下聚集着一大批等待装煤的舢板船，它们一部分停泊在坑道入口的正下方，一部分停泊在盘山小径的底端。搬运工在盘山小径间奔波不停，这条小径是工人们付出了巨大的劳动在岩石间凿出来的。工人们扛着扁担，扁担上挂着两个箩筐，这是他们仅有的运输工具。

中国有化石煤、烟煤和石煤，其中石煤最常见。远在马可·波罗游历中国期间，中国人就已经广泛地使用煤了。不过，在中国，煤一直没有被应用到制造行业。马可·波罗写道："他们从山中挖出了一种可以像木炭一样燃烧的黑色石头，但是比木炭烧得久，晚上点燃的煤火到了第二天早上依然在燃烧。"

---

[1] 今广东省英德市。——译者。

英德县煤矿

从深井岛远眺黄埔岛

Whampoa, from Dane's Island

在英国军队彻底击败清朝海军和陆军之前，外国商船最远只能航行到黄埔岛，然后停泊于此。从虎门逆流而上，沿途有两道关卡，第一处关卡在入口附近，第二道关卡在江中小岛的东岸。在这群小岛中，最主要的是小谷围岛（欧洲称之为法国岛）、深井岛（欧洲人称为丹麦岛）和黄埔岛。鸦片战争前，外国水手和商人很少有机会登上这些岛屿，也没有机会与岛上居民交往，享受不到社交的乐趣。无论他们多么小心翼翼，毕恭毕敬，还是会受到当地人的歧视。当地人还高价出租了一座小岛给外国人做墓地。

外来的商人和水手花费大量的钱财，获得登上这些岛屿的权利，只是为了满足自己的好奇心，这是他们的天性。当地的年轻人对待外国人态度十分傲慢，令人无法忍受。当地的老年人随时在等待机会敲诈、勒索这些外国人。有人说，那些来自英国、美国以及欧洲其他国家的水手嗜酒如命，一旦获准上岛，便喝得大醉，胡闹一通，犯下种种罪行。比如说这些酒鬼闯进寺庙，嘲笑当地人的宗教信仰，砸破人们顶礼膜拜的神像。这类指控并非空穴来风，一些航海者在记述中也屡屡提及。当地人对外国人的偏见由来已久，最近的这些荒唐事肯定不是主要原因所在。

图中一侧是法国岛，它位于丹麦岛以西，是一处巨大的坟场，埋葬着中国人和外国人。小岛上遍布着低矮、简陋的墓碑。墓碑的主人背井离乡，千里迢迢来到这里，不幸丧命，不得不被草草地安葬在这座小岛上。岛上还有一些富人的墓葬。这些半圆形的陵墓占地面积大，建筑精细，十分豪华，一眼望去，我们便知道墓主人生前财富众多。但现在，他们被埋葬在坟墓里，生前的骄傲与豪奢已然无处寻觅。

黄埔与周边小岛不仅风景秀美，还是军事上的必争之地，发生过很多次激烈的战斗。它们距离广州城不足10里，扼守着通往广州的咽喉要道。广州当局本该重重加固这里的防守，不惜一切代价确保它的安全，但他们却没有这么做。他们自认为穿鼻、大角头、虎门和老虎岛这些要塞会万无一失，低估了黄埔岛的战略意义。鸦片战争晚期，英国军舰"摩底士底号"以及后来的"硫磺号"通过黄埔岛附近河面，驶向广州城，对岛上和河岸炮台的炮火不屑一顾，安然驶过。事后的官方报告里，也只是一笔带过，没做详细的描述。清朝政府在两座炮台之间的河面上安置树桩，凿沉附近的船只，试图阻止英国军舰。英国海军曾经探访过此处，他们的军舰现在都是蒸汽船，对此中国人一无所知。因此，他们的这些防御措施完全如同儿戏，既愚蠢又荒唐。

清朝政府重新占领了黄埔岛，使帝国对自身的安全又增强了信心。政府在岛上修建起了坚固的仓库，储存大量的稻米。买米的费用出自官府，一旦地方粮食紧缺，政府便会打开粮仓，把粮食低价卖给穷人。如若赶上丰收的年景，粮食收购价太低，政府便会大量买进这些稻米，以便在荒年的时候低价售出。

从深井岛远眺黄埔岛

欧洲人的商行
The European Factory, Canton

中国的对外贸易开始于 1517 年，这与欧洲人在广州开设商行密切相关。这一年，费尔南·佩雷斯·德·安德拉德率领一支由 8 艘船组成的舰队抵达广州，并以葡萄牙国王的名义，要求获得通商许可。接下来的一个世纪里，葡萄牙人独享对华贸易这一特权。这个时候，荷兰人也找到通往东方的航线，他们不甘心仅仅做二手代理人，决意前往广州，直接与中国人进行商贸往来。事实并不像他们预想得那么顺利，他们做出了种种努力，却总是以失败而告终。葡萄牙人先是拒绝荷兰人在澳门登陆，还恶意诽谤荷兰人，诱使中国当局拒绝了荷兰使团进入广州的请求。无奈之下，荷兰人只得先前往澎湖岛，然后去了台湾。他们试图以自己的诚意与勤奋驳斥竞争对手的诽谤，向中国证明自己是一个优秀的盟友。若不是帝国后来发生了叛乱，帝国的和平与独立受到严重威胁，中国人仍然会对锲而不舍的荷兰人不屑一顾，荷兰也根本不可能和帝国的臣民建立起友谊。当清王朝征服了中国大部分省份的时候，福建人郑成功举兵反清，成功地控制了福建、广东和广西，还占领了台湾岛。在清王朝与郑成功的争斗中，荷兰人选择支持清王朝，背叛了勇敢的郑成功，结果被驱逐出台湾。作为补偿，清王朝极其关照荷兰人，允许他们迁居广州郊外。1762 年，荷兰在广州建立了一家商行。

英国人把西班牙和葡萄牙视为主要的商业竞争对手，极力扩张自己在印度洋的贸易。为了实现这一雄心勃勃的目标，罗伯特·达德利爵士[1] 准备了 3 只船，设法获得了伊丽莎白女王写给中国皇帝的一封信，他命令舰队指挥官本杰明·伍德要"尽可能深入到中国内陆"。不过，达德利的舰队似乎并未抵达中国海岸。有人怀疑西班牙人残忍地杀害了那些英国船员。这次不幸的事件加剧了英国与他的商业竞争对手之间的敌意，随后引发了一系列的背叛与杀戮。一系列的流血事件加深了中国长久以来就存在的对"蛮夷"的偏见，中国皇帝进而拒绝了所有试图与中国通商的欧洲人。

1637 年，为了与中国建立直接的贸易关系，英国人再次坚决地行动起来。他们派出 4 艘船，外加一艘舰载艇，在威德尔船长的率领下，驶往葡萄牙人在中国的居住地——澳门。在澳门，他们处处受到刁难与猜疑，这令他们懊恼不已。船长决定乘坐舰载艇前往广州，以探明葡萄牙人的说法究竟是否属实，以及当地政府对英国人的真实态度。在广州附近，英国舰队受到了重重阻挠，中间人、使节、当地官员五次三番过来游说，他们许下承诺，获取了英国人的信任。英国人答应原地修整 4 天。其间，他们偷偷运来大炮，并把炮口对准了那 4 艘停泊着的英国船只。在英国人放松警惕、毫无防备的情况下，这些大炮开了火。不过，当地军队指挥不灵，大炮火力不强，英

---

[1] 罗伯特·达德利（1532—1588 年），英国女王伊丽莎白一世的大臣。——译者。

欧洲人的商行

国舰队几乎没受什么损伤。英国大炮火速回击，当地的大炮很快便都哑了火。英国人果断而坚决的行动赢得了当地政府的"尊重"，进而获准与当地商人进行贸易。

不过，葡萄牙人再次耍起了两面三刀的伎俩，煽动起中国人对英国人的仇恨。担心再次受到英国人的炮火惩罚，当地政府这次没有在军事上进行挑衅，只是宣布英国人是"中国之敌"，称他们是"番鬼"。当地政府声明，对那些敢于和"番鬼"做生意的中国人，一律按照叛国罪来惩罚。

1676 年，南方各省尚未臣服于清朝，英国人在厦门和金门还有立足之地。然而到了 1680 年，这两个地方被满族统治者征服，英国人无奈之下只得撤离。4 年之后，中国国内恢复了和平，清朝在台湾的政府机构开始行使职权。这两个小城的工业生产也得以恢复，英国人获得许可，重新经营在厦门的商行。不过，后来皇帝又下了谕旨，规定只能在澳门和广州这两个城市进行对外贸易。鉴于无法保留这座商行，固守此处也无利可图，英国人便把官员和商业机构迁到了广州。在广州，他们与中国人展开了广泛的贸易，生意兴隆。1833 年，英国议会对政府部门进行了改革，重新核准了东印度公司的特许状，取消了东印度公司垄断对华贸易的特权，把董事们的重心限制在军事和民事事务上。

取消东印度公司对华贸易的垄断权之后，英国政府任命律劳卑勋爵为英国驻华商务总监。然而，当律劳卑勋爵抵达广州之后，出乎他的预料，两广总督以英国改变贸易管理模式之前并没有和中国政府相商为由，拒绝接受他的任命状。律劳卑勋爵并不认可这一说法，他指挥两艘军舰占领了黄埔锚地。在驶往黄埔岛的时候，英国军舰遭到了来自虎门和大虎口的炮火攻击，这些炮火没有起到丝毫作用。尽管清军受到了重大的损失，当地政府却并没有屈服。律劳卑无奈，只好退往澳门，等待英国政府的最新指示。不久之后，律劳卑去世，保卫英国人在广州的财产和贸易这一责任自然而然就落在了继任者戴维斯先生身上。 不过，直至 1842 年清朝政府彻底屈服于英国的船坚炮利之后，这一问题才得以彻底解决。

清朝政府虽然允许外国人在广州建立商业代理结构、商行、店铺和住宅，不过条件却极其苛刻。当局拨给了外国人一块长 800 英尺、纵深 400 英尺的土地修建商行。这里气候闷热，环境肮脏，四周是一片死水，过去是一片污水纵横的沼泽。为了保证地基稳固，他们桩打得很深，"十三行"就在这一基础上建立了起来。各家商行门前都竖立着一根旗杆，旗杆上挂着各自国家的国旗。入乡随俗，他们都取了一个中国名字，以示区别；英国商行叫"保和行"，美国商行叫"广源行"，荷兰商行叫"义和行"，奥地利商行叫做"孖鹰行"，瑞典、丹麦和法国的商行也都有类似的名号。

1834 年，一场大水淹没了欧洲商行的码头和建筑基部，商行里的欧洲人只能借助小船与广州城交往。水灾持续了很长时间，很多商人生了病，有一部分人因此而死亡。商行背后是一条狭窄的小溪，小溪里遍布着各种来自下水道的城市垃圾。商行前部有阶梯和斜坡，方便装卸货物。商行和店铺间有两条街道：中国街和猪巷。中国街是一条林荫大道，宽敞、漂亮，街边有很多漂亮的店铺，不过不允许外国人入内。猪巷则全然不同，狭窄、阴暗，生活着最底层的劳动人民，也只有这类人才会光顾这里，猪巷则经常发生骚乱、盗窃甚至暗杀行为。欧洲人的住处只有几平方米，未经许可不能随意离开。这儿还有一个四周围着护栏的休息室，供大家散步。在凉爽的夜晚，商行里的商人、海军军官、民事官员，都会聚集在这里。但是，除此之外，商人们的活动范围就仅限于商行、货舱与码头。

十三行被两条街道分成三处：法国商行、西班牙商行位于西部，英国商行、丹麦商行、美国商行、奥地利商行位于中部，东印度公司的商行位于东部。外国人的活动被严格地限制在这么一处狭窄、肮脏的区域内，未经许可，他们还不能进入广州城。除了个别视财如命的商人，绝大多数都无法忍受长期居住在这里。对他们来说，这是一种耻辱。后来，这种状况结束了，英国人用炮舰征服了清朝政府，开放了几处通商口岸，强行租借了香港岛，这些商人便迁往生活更方便、商业利润更丰厚的厦门、宁波、澳门以及女王镇[1]。刚开始的时候，女王镇只是用来堆放货物。

[1] 即香港维多利亚城，香港的行政与金融中心。——译者。

穿鼻之战
The Attack and Capture of Chu-en-pee

　　珠江西部宽广的三角洲上遍布着难以计数的河流，这些河流水很浅，仅能容纳平底船航行。这些平底船承担了广州与澳门繁荣的贸易，运输了众多的货物。大型船只与战舰如果要到达这儿，必须要从虎门通过，那里坐落着穿鼻炮台和大角炮台。穿鼻炮台和大角炮台是广州城——这一大型商业城市的外围防御工事，珠江的主入口便位于其间。鸦片战争前，清朝的钦差大臣不断地羞辱英国商人和军人，战争发生后，他选择穿鼻作为自己的驻地，要求往来的外国商人面向穿鼻弯腰屈膝行礼。英国商船"担麻士葛号"的船长弯喇接受了这位钦差大臣苛刻的条件，孰料钦差大人还不知足，进一步要求义律船长释放他扣押的 5 名人质，并且就林维喜[1]之死展开深入调查。史密斯船长的抗议信都没拆封，直接便被退回了。英方一忍再忍，清朝政府则是一误再误。水师提督关天培气势汹汹地要求英方交出凶手，对此，史密斯船长和义律船长断然拒绝。形势越来越紧张，战争已然无法避免，一触即发。中国方面，6 艘战舰一字排开，从穿鼻开始，13 艘火攻船组成最外围的攻击线，船上的黑色旗帜迎风招展。而当时，史密斯船长手下却只有"士密号"和"华伦号"这两艘战舰可以迎战。"士密号"舰第一炮便击沉了中方的一艘木筏，紧接着，第二炮炸毁了中方的一艘战舰。

　　"华伦号"紧随其后，也闯入了中方的舰队的行列，对着目标，一阵猛轰。第一轮炮火之后，中方除了几艘战舰还负隅顽抗之外，大多数舰艇都落荒而逃。战争中，关天培极力指挥，作战英勇，令人敬佩。等到打扫战场的时候，英方发现"中方有 3 艘舰艇沉没，1 艘被炸毁，很多船只被遗弃。战斗 12 点开始，不久之后中方舰队便溃不成军，丧失了战斗力。中方的大炮火力不济，我方军舰无一受损"。

　　这场海战发生在 1840 年年底。1841 年年初，清朝政府授权琦善为钦差大臣，全权处理中英交涉事宜。他在谈判的时候虚伪、搪塞，鬼话连篇，毫无诚意。英方把戈登·伯麦爵士的信交给了琦善，但他却秘而不报，不予转达。后来，英国人只有再次诉诸武力，1841 年 1 月 7 日，英军决定实施登陆作战，紧锣密鼓地调集舰队，摧毁中方的炮台。

[1]1839 年（道光十九年）7 月 7 日，英国水手在九龙尖沙咀一带打死了农民林维喜。钦差大臣林则徐令英国代表义律交出凶犯，义律拒不交凶。——译者。

罗景之战

穿鼻岛上多山。经过一番详细的侦察，英方派遣了一支 1500 人的部队，他们计划在取水处登陆，然后占领岛上制高点，从而居高临下攻击岛上的炮台与清军营地。清军营地四周有一条很宽的壕沟，营内有三门大炮，炮口冲着东方，清军的驻军隐身在后面深深的战壕内。清军人数众多，布满了炮台右侧的小山。透过瞭望塔和亚娘鞋岛之间的空隙，还能看到炮台前有一道防御墙。赫伯特船长指挥一部分军舰进攻沙角炮台和重建的穿鼻炮台，斯科特船长指挥另一部分军舰进攻大角炮台。

经过两个小时的激战，在义律船长的指挥下，先头部队按照计划成功抵达指定的登陆地点，其后是一支装备有 24 门榴弹炮、两门越野炮的皇家炮兵分队，普拉特副旅长、第 90 团的麦肯齐中尉率领第 26 苏格兰步兵团和第 27 步兵团的一支小分队紧随其后。英国军队刚刚抵达阵地，严阵以待的清朝军队先是发出了震耳欲聋的呐喊声，敲锣打鼓，声势浩大，然后便用大炮轰击英军。这并没有吓到英勇的英国士兵，他们如猛虎般，以迅雷不及掩耳之势冲向中方的战壕，驱散了清朝士兵，占领了营地后面的制高点，并且把英国的军旗插在了瞭望塔上。清朝军队从恐慌中清醒过来，再次集结，卷土重来，隐藏在角落里，不停地向英军射击。不同于正面阵地上的一触即溃，隐蔽起来的清朝军队给英军造成了极大的困难。英军确认不了清军士兵的位置，找不到那些躲在暗处的狙击手。

第二次穿鼻之战结束后，英军在战壕中和营地内发现了 600 多具清军士兵的尸体，而英军却是"30 余人受伤，无人阵亡"。英国海军依然大胜，"摧毁了 11 艘中国战舰，其中便包括水师提督乘坐的那艘战舰"。

虎島

虎门战役
Battle of the Bogue

　　清军喜欢虚张声势，制造恐惧，吓退敌人。满族士兵的军装上绘着老虎，盾牌和大炮炮眼上同样也是张牙舞爪的怪兽图案。虎门岛上的炮台，全国闻名，上面装备着数量众多的大炮。

　　穿鼻炮台和大角炮台之间的江面只有两英里宽，沙角东部有一处浅滩——宴臣湾，亚娘鞋炮台离穿鼻炮台只有 3 英里。上横档和下横档是两座小岛，位于大角炮台上方。举世闻名的虎门便位于这两座小岛与亚娘鞋岛之间。大虎岛位于虎门上游两英里处。亚娘鞋炮台地势险要，防守坚固，穿鼻战争时便有 140 门大炮，正对面的上横档炮台陈列着 165 门大炮。每到傍晚时分，下横档岛和亚娘鞋岛之间便会竖起一道水栅栏，栅栏上拴着铁链，内侧由木筏支撑。船只必须持有通行证才能通行，水栅栏一旦竖起来，船只便只能等到第二天天亮之后才能通行。可以肯定的是，建造这些炮台是为了威吓过路的商人，便于征收关税。如果指望这些炮台阻挡军舰，纯粹是痴心妄想。在写给道光帝的奏折里，琦善曾经提到过这一点。不知道这是否可以减轻他应受的惩罚，也不知道他在奏折中陈述了多少实情。事实上，英国军舰曾经几次三番地强行通过虎门，这些炮台没有起到丝毫作用。英国驻华商务总监律劳卑勋爵曾经命令"安德洛玛克号"和"伊莫金号"军舰穿过虎门，溯江而上，成功抵达黄埔岛。期间几乎没遇到任何阻力，军舰上的大炮一开火，清军的炮台便没了声响。1841 年年初，英国公使厌倦了清朝官员的反复无常和言而无信，决定再次开战。伯麦爵士率军攻占并摧毁了亚娘鞋炮台，强行通过了虎门。"加略普号"和"萨马兰号"军舰炮轰了上横档炮台。与此同时，攻占了下横档岛的英军也用榴弹炮轰击上横档炮台。英军炮手身手矫捷，大炮落点准确，很快便压制了敌人的火力，清朝军队望风而逃，英军毫不费力地成功登陆。

　　战争胜利之后，英国人取得了香港岛，把它当作自己的贸易基地。我们无法预测这能给中国的对外贸易带来多少改变，但显而易见的是，其他通商口岸的陆续开放，肯定会减轻我们对广州的依赖。

虎门战役

虎门炮台
The Yellow Pagoda Fort

　　珠江沿岸风景秀丽，河道纵横，有很多外地来的船只，当地的主要交通工具也是船只。珠江下游沿岸植被茂盛，村落散落其间。从江心望去，但见密林中村落隐约其间，时不时还会看到一片果园、一座花园，或者一片青草地。当地的各种树木，诸如梨树、李树、杏树，混杂在一起，花瓣散落一地，厚厚的一层，赏心悦目，美不胜收。水面上波光粼粼，两岸还有柑橘、香橼等中国特有的各式果树。

　　珠江下游的某条支流上，冒出一座小岛，虎门炮台便坐落在这里。这里有一座四层高塔，塔四周环绕着花岗岩砌成的坚固的防御墙。墙上有炮眼，顶端筑有墙垛。塔楼上有哨兵站岗，一旦发现来犯之敌，他们便会通知士兵在防御墙后做好战斗准备。不过，高塔也有不利之处。敌人在很远处便能发现塔楼，一旦塔楼暴露在敌人的炮火之中，便很容易被摧毁，墙内的士兵、炮台上的大炮以及各种武器装备都会被埋在废墟之中。小岛面积约一英亩，上面主要是军事设施。图中显示一小块空地上长着一些大榕树，榕树下身披盔甲的士兵正在纳凉。

虎门炮台

广州城
Canton

很早之前，这里和英国的贸易便很频繁，而最近，这里又发生了一系列重大事件。广州位于珠江北侧、白云山脚下的平原上，70 里外有一处小岛，就是香港。白云山海拔 1200 英尺，山上埋葬了无数的尸骨。此外，白云山上堡垒林立，清军在此驻有重兵，守卫广州城的安全。

广州这一名称由来已久，是广东省的省会，也被称作"羊城""穗城"。2000 多年前，广州城内突然来了 5 位身着彩衣的仙人，他们骑着五色羊飘然而至，每只羊口中还衔着一束长着 6 个谷穗的水稻，谷子上写着"灾荒远遁，免于死亡"。仙人把这些谷穗授予百姓，待到百姓们种下这些谷穗，五色羊随即变成了石头。很多外国考古学家都曾来此调查，当地人便把他们带到五仙观，指给他们看竖立在大门口的 5 座公羊的雕塑。

广州四周筑有城墙，城墙外便是郊区。即便走上整整六个小时，你也逛不完这两个区域。广州城内大约有 100 万人口，包括众多来自南方各个地区的流浪汉，这里是他们最佳的栖身之处。广州城地势平坦，仿佛一座宽阔的广场。城北是白云山，城东是沼泽和荒野，城西则是宽广的原野，城南有条宽广的河流，河上生活着众多人家，这是广州的一大特色。

东西走向的城墙与河流平行，将城市一分为二：老城和新城。老城位于北部，面积是新城的三倍，重要的政府部门、绝大多数居民，以及驻军都在老城里。

中国的城门寄寓着中国人美好的愿望，广州的四座城门分别被称作"永安门""五仙门""永清门""太平门"。街道也有类似的名字，诸如龙街、战龙街、金百合街、花街等等。这些街道，在欧洲充其量就是一条小巷子。最有名的一条街叫"仁爱之路"，东西走向，贯穿内城。从地图上看，这条街很宽敞、气派，事实上，它却仅仅是 10 英尺不到的窄路。广州内城还有三四条类似的街道，街上尘土飞扬，街边的房子破败不堪，多由竹子和泥土筑成。

外国人聚居的郊外则是广州最富庶、兴旺的商业中心。河岸有一片长 800 英尺、宽 400 英尺的地块，被划给外国商人建造工厂和洋行。据戴维斯先生说，当地人称商店为洋行。洋行一共有 13 座，从东到西整齐地排列开来。放眼望去，前排的建筑造型美观，后排的建筑则乏善可陈。"有些洋行非常阴暗，建造得就像监狱一般，长长的走廊晦暗不明，两旁是买办与职员的办公室。"西部是法国和西班牙的工厂，中间则是英国、丹麦、美国和奥地利的地盘。

广州的宝塔尤为引人注目，英国塔和五仙塔是其中的代表。塔有实心和空心之分，前者由砖垒成，后者内部还建有盘旋上升的楼梯直达塔顶。这些宝塔多由石头、砖块或者钢铁建成。

宝塔一般都建在寺庙内。寺内的高僧圆寂后，会安葬在塔林内。其中一些高大的宝塔还有军事用途，诸如瞭望敌情。全国各地修建了很多宝塔，中国人十分喜爱这些建筑。他们认为宝塔可以汇集天地之灵气，驱散带来疾疫的邪气；调和五行（金木水火土），保佑当地风调雨顺，百业兴旺，人民安居乐业。

在本文的结尾，我还要介绍一种水乡之外的平底帆船，这种船只多用于战争与运输货物。

平底帆船大小不一，体积差距非常大，珠江上的平底帆船便是典型的代表。这艘船体积巨大，看起来就像是那种旧式的荷兰船，两侧弯弯的曲线，看上去仿佛是一弯新月。船只底部平坦，头尾呈方形，船尾比船头宽敞，巨大的船舵便位于空旷的船尾处。船头绘着两只威严的"眼睛"，仿佛在警告其他的船只。这种大船一般配有一副巨大的船桨，以便必要时迅速调整航速。船舱底部是一个个独立的小隔间，个别隔间进水，也不至于影响其他隔间。船上有两三个桅杆，桅杆都是整根的大原木，主桅杆位于船头，上面悬挂着巨大的方形船帆。桅杆直指天际，如同英国的快艇。

船帆由席子制成，每隔2英寸就有竹片交叉而过，好把席子固定起来。竹片的底部捆绑着绳子，这样，打开或者收起船帆都很方便。人们把坚硬而又沉重的铁木制成锚，在铁木底端包裹上层层金属。这些由竹片固定的船帆不够灵活，无法抵御大的风浪，不适合远洋航海。

中国有很多种船只，这种大帆船只是其中之一，此外还有为数众多类型各异的船只。约翰·伯温先生记录下了他在中国河流中见过的花样繁多的船只。不过有些描述并不详细，毕竟，旅途中的人很难集中全部精力去关注这种琐事。最近，经过一系列事件之后，我们对中国的西式三桅帆船越来越熟悉，这种帆船速度飞快，因此也被称为"飞艇"。舢板船在内地十分常见，主要用于运输旅客与货物。

广州河南运河上的风景
Scene on the Honan Canal

运河是当地重要的水路交通。运河沿线风景秀丽,商业繁荣,遍布着各式亭台楼阁。楼阁的平台上摆满了各式盛开的鲜花,悬挂着各种工艺的彩绘灯笼。和威尼斯一样,这些建筑旁也修建有供富人停泊船只的小码头。店铺和作坊也建在河边,宽宽的木梯从阳台一直伸向河面,方便交易货物。店铺的柱子上悬挂着匾额,匾额上写着店铺的字号。在威尼斯生活过的人来到这里会有一种非常熟悉的感觉。集市上既有算命先生,也有化缘的僧人,二者各忙各的,相安无事。算命先生或者在人群中游走,或者在街上摆设卦摊,他们收取微薄的报酬,便会为人们卜算吉凶。卦摊前聚集了与妻子吵架的丈夫、思念子女的母亲、惨遭父母抛弃的弃儿,他们屏住呼吸,听取算命先生的说法。运河两岸坐落着各式华丽的建筑,连绵有一英里长。楼阁下竖立着华丽的柱子,看上去弱不禁风,实际上异常坚固。楼阁上部的阳台上,一些妙龄女子倚在雕花栏杆上,正在欣赏河上的美景。站立在河中心的船头上,你可以看到楼台内部奢华的装饰与摆设。运河两岸富人与穷人的房子比邻而立,相形之下,穷人家的房子显得更加窄小低矮。一些河段,众多的船只占据了大部分河面,只留下一条狭窄的水道供船通过。

广州河南运河上的风景

广州城郊的宝塔和村庄

Pagoda and Village on the Canal, near Canton

靠近广州，看到河流两岸优美的景色、往来穿梭的商船，以及那些长期生活在船上的渔民，我的心情开始激动起来。这里不管是船只的驾驶室、堆放货物的仓库，还是商人的别墅、底层居民的住所，屋顶都是松木结构，因此，空气中到处弥漫着松木的清香。

独特的建筑风格以及鲜明的季候特征，使得眼前的美景别具风情。生机勃勃的劳动场景、赏心悦目的自然风光，令人心情舒畅。站在岸边的台阶上远望，远处的村落掩映在高大的树木下，如诗如画。河的对岸有一座寺庙，寺庙内供奉着佛像，矗立着一座宝塔，宝塔周围环绕着高大的围墙。战争期间，英国军队向驻守在宝塔周围的清朝驻军发起进攻，不到 20 分钟清朝驻军便落荒而逃。岸边停泊了很多小舢板船。船员们远航之前，会去庙内祭拜，祈求菩萨保佑他们平安归来。

穿过茂密的橡树林，可以看到一些欧洲人的工厂，工厂内搭建着各式的棚子。不过要到那里去，却绝非易事。河面上密密麻麻地停满了游艇、帆船、木船等各式船只，还有一些大船紧密地靠在一起，没留下一丝空隙。除非强行加塞，否则你决不能到达关卡，但即便强行加塞，你也不见得能成功。其他船上的人会破口大骂，甚至多方阻拦，搞不好还会伤到人。

广州城郊的宝塔和村庄

广州城郊中国商人的住宅

The House of Chinese Merchant, near Canton

图中商人的住宅十分漂亮，极为壮观，房间大小不一，样式各异。这些建筑之间的组合看上去十分随意，没有明确的规则，但却蕴含着无穷的创意与想象力。灰色暗淡的院墙里女子被深锁闺中，很多国家都是如此。不过，庭院内却给人一种静谧、舒适的感觉。中国的建筑艺术没有固定的规则，但是仔细分析比较之后，我们还是会有所领悟，进而去探寻其建筑理念。在西方，无论是宏伟的桥梁还是神圣的教堂，都是依据精确的数学公式与几何原理建造起来的，中国建筑则不然。那些家财万贯的中国富商会在自己的大宅院周围建造众多附属建筑，宽敞的房屋与曲折的游廊都由为数众多的柱子支撑。支撑屋顶的柱子一般都是松木，上面还要雕刻上精美的图案，涂上鲜艳的颜色。他们还会建造两层或者三层的房屋，这样，家中的女眷便可以避开外来的客人。

人们可以通过建筑屋顶的样式，来判断一个中国建筑师的能力。建筑师们还会在墙壁上画满各种美丽的图案，图画中既有田间的各式花卉，也有林中的各类飞禽走兽等等。建筑师将大自然的鬼斧神工与自己独具的匠心完美结合，在庭院中凿湖造池，砌石成山，种种奇思妙想令西方人叹为观止。隐居于乡间的雷爵士在书中写道："我非常喜欢中式风格的乡村小屋，波光粼粼的运河边，广袤的农场里，应该建造一些中式小屋，好安置森林中的精灵和远道而来的仙子。不过，前提是建筑师要先去中国走一遭，充分感受中国建筑的魅力，否则他根本不会有灵感。"

广州城郊中国商人的住宅

广州的街道
The Street in Canton

古老的广州是中国传统城市的代表，在这里我们可以看到中国街道生活的缩影。街头的小商贩、各地的游客，一切都和欧洲的城市，特别是古老的伦敦十分相似。广州已经由小城镇发展成了繁华的商业大都市，人口众多，规模庞大。图中的这条街道位于广州城中心，会让人联想起欧洲的城市。广州城城墙最初不超过 6 里，不过现在城内与郊区的人口，加上生活在珠江上的居民，广州城总人口达 100 余万，已成为大城市。

由于地理原因，广州城内街道上的房屋排列得十分紧密，狭小的土地上，修建了众多的建筑。街道很窄，大型车辆无法通行，因此，行人可以自由惬意地漫步在街道上，就好像漫步在伦敦的步行街上一样。巴黎却是另外一番景象，宽敞气派，街道上车辆川流不息，街道旁的玻璃棚上装饰着花岗岩，可以为行人遮风挡雨。相形之下，广州充分利用有限的空间，即使这里的街道狭窄而又拥挤。不过麻雀虽小，五脏俱全，这里门卫、巡警、消防等安全设施一应俱全，秩序井然，人民生活宁静而又美好。街道上有一些区域类似于欧洲城乡交汇处的犹太人聚居区，街道尽头是深宅大院，一到晚上大门紧锁，四周有警察往来巡逻。中国富人的宅院都是砖瓦结构；经济条件差一些的家庭则是砖木结构，或者是纯木质结构；贫苦人家则用未经烧制的黄土糊成。

托马斯·格雷欣爵士（英国伊丽莎白女王一世的顾问）时期伦敦的伦巴第街道类似于现在的广州街道，这点我们可以从当时描绘街景的绘画中看到。临街建筑的门窗对外敞开，屋檐伸向街道，大多安装有百叶窗，方便调节室内光线。商贩们把商品摆放到街道上供顾客自由挑选，你完全无法在伦敦或者巴黎的商店中感受到这种信任。在广州，只要空间允许，商贩们便可以在街道上撑起竹制大伞摆放自己的摊位。这种小"商铺"可以为商贩们提供不菲的收入。夜幕降临，沿街的人家便会挂起灯笼，继续做买卖。通常情况下，商贩会在店铺的橱窗或者门楣上挂上店铺的标志，店铺名称多以掌柜的姓氏开头，或者以某种方式联系上家族的历史。这一点倒和伦敦相似，伦敦城内的老街上，商家同样会在店铺门口或者店内醒目位置刻上各式标志。自古以来，中国人喜欢在门廊上题字，内容多是儒家的经典语录。不过，诸如"恕不讲价""概不赊欠""概不退换"这一类商业用语也很常见。

广州的街道

虽说中国与欧洲在服饰、语言、宗教等方面有很大的区别，但是在社会习俗上，却有着惊人的相似之处。从事同一行业的人们大都聚集在一起，占满城内的一些特殊街道。这也是广州城的一大特色。欧洲的一些大城市里同样如此。帕特诺斯特街就是一个很显而易见的例证，与之相比，这种形式在我们的贸易中适用的程度更广泛，主要是售卖单独的商品。欧洲人最熟悉的莫过于"龙街"和"金街"了，现在还出现了一些"狮街"。在广州这座现代城市的中部，遍布着各式黄金广场、黄金街道以及黄金小道，这些街道干净、漂亮，景致极佳。中国人毫不掩饰自己对财富的喜爱，他们把求财的匾额挂在店门口，在店内供奉着财神。

在人口稠密的大城市里，预防火灾是重中之重，必须有严密的预防措施和急救措施。广州的每一条街道上都有巡视的警卫人员，他们配备着铜铃、锣、号等预警设备。另外，每座房子内都有竹制扩声器以及逃生口，以便于人们在火灾发生时自救。

广州的寺庙
Temple of Buddha, Canton

中国存在三种古老的宗教，广泛流传于各地。第一种是儒教，它与其说是一种宗教，毋宁说是一种道德规范。第二种是道教，其信徒也被称为"唯理论者"，就像欧洲的笛卡尔的信徒一样认为理性高于神性，并且声称发现了一种可以长生不老的秘方。第三种是佛教。不过，从信徒人数上来说，佛教徒居于第二位。

佛教源自印度，教徒惨遭婆罗门驱逐，于是开始在其他国度寻找避难所，其教义遍及中国、日本、锡兰等地。据说，汉明帝曾经做过一个梦，梦中有个声音说西方会出圣人，于是他便派遣使团前往印度寻找圣人。使团圆满地完成了任务，不过随他们而来的，并不是一位圣人，而是众多的僧侣。他们还带来了大量的佛经、佛像以及各种法器。这些博学的外来者告诉人们：佛祖放弃王位，出家为僧，经历一番苦修之后，终于成了佛。

佛教鼓励信徒行善，宣扬"西方极乐世界"，劝阻世人作恶，极力渲染地狱的酷刑。人死之后来到地府，一旦阎罗王判定他有罪，便会受到残酷的折磨。有的罪人被绑在炽热的铜柱上，有的罪人在石碾下惨遭碾压，有的罪人则被砍成两段。那些说谎的罪人要被割掉舌头，偷窃的罪人要被砍掉双手……不过，这些令人心惊胆战的酷刑不会落在善良的人身上。善良的人死后会进入西方极乐世界，然后重新投胎做人，而邪恶的人则会轮入畜界。

佛教依靠其神话、极乐世界与地狱酷刑吸引了众多的信徒，另外还有众多忠实于信仰的僧侣。佛教寺庙遍布于中国的各个角落，其建筑装潢之奢华远过于其他宗教建筑。广州破旧的英国工厂西边，有一座寺庙，它虽然不像河南寺、普陀山的寺庙那么奢华，不过仍吸引了大量的信徒。寺院入口处有一座低矮的柱廊，顺着正中的台阶走上去，便来到了一座正方形的院落。院子一侧是僧人居住的禅房，另一侧是大殿，大殿的护栏内供奉着"三宝佛"。殿内的门楣、廊柱和木板上都刻着经文，意在弘扬佛法，告诫信徒切莫好逸恶劳。在中国，这种做法非常普遍，除了讲经布道、供奉佛像的寺庙，民宅、店铺的门楣上也刻着各式名号。穿过第一座大殿来到第二座大殿，其内陈列着两尊巨大的金刚像，他们手持宝刀，面目狰狞。第三座大殿是寺庙的主殿，供奉着尊贵的佛像。主殿比供奉"三宝佛"的大殿稍微小一些，殿中央的黄色石膏底座制作工艺精湛，无与伦比。底座上安放着一个女性雕像，她骑在雄狮身上，腿上坐着一个婴儿，从身形和发饰上看，她并不是中国人。以上设计和工艺表明雕像出自外国艺术家之手，不过中国人并不喜欢这些外国作品，往往还很反感。大殿呈长方形，立在石基上的木柱支撑起了屋顶。大殿构造合理，光线充足。殿内挂满了丝质的帷幕，沿着四周的墙壁低垂下来，屋顶的横梁上悬挂着各式各样的灯笼。供桌四周环绕着立柱，上面摆放着香炉、盛放着绢花的花瓶、燃烧的蜡烛和照明用的火炬。供桌上等距离排放着一列香炉，这些精美的瓷质香炉内装有灰色的细土，以供香客插放线香。香炉边的瓷瓶内插满了卦签。线香极易点燃，在寺院以及家中的神龛前经常可以看到燃烧着的线香。善男信女喜欢求签算命，不过这些竹签很少能满足人们的愿望。供桌前也不乏高官显贵，他们虔心膜拜，磕头时额头会碰到地面，侍从和乐师侍立在两侧。侍从们举着华丽的伞盖，以备需要时为主人遮挡烈日。不过，在主人虔心膜拜、叩首着地时，侍从们也丝毫不敢懈怠。除了香客，寺院内还有众多的僧侣。僧侣们敲打锣鼓，有时还会敲响寺院里的大钟，举办法事，以此来唤醒信徒。

广州的寺庙

潘长耀 [1] 庭院中的喷泉
The Fountain Court in Conseequa's House

由于时代的变迁，很多风俗变得难以理解，这适用于包括英国在内的所有国家，中国自然也不例外。因此，当旅行者来到中国之后，总会感觉中国充满了神秘感。

商人潘长耀在广州的宅邸富丽堂皇，非同凡响，是中国园林建筑的典范之作。主人是一位热情好客的绅士，待人接物彬彬有礼。在中国，民间的住宅受到政府的种种限制。政府为此设立了相关法规，还要对其进行监督。因此，中国建筑的布局都比较固定，外院用来会见、招待客人，内院则是女眷居住的地方。不过，他们在装饰上下足了功夫，花费也颇多。柳叶低垂在湖面上，清风吹来，摇曳生姿，四周是门廊、凉亭和观景窗，中午时分，这里清爽宜人，夜幕降临，也不显得阴暗和冷清，很能代表中式园林的特点。庭院中还有美丽的、独具匠心的喷泉。

一些学者说，如果一个性别群体始终得不到社会的尊重，那么这个群体就会变得越来越温顺、柔和，这种转变是自发的，潜移默化的。在中国，阴与阳分别代指女性与男性。阳代表天，是男性的象征；阴代表地，是女性的象征。天始终在地之上，因此，男性自然就比女性尊贵，女性在社会中毫无尊严。莫里森博士的一本译作中这样写道：

乃生男子，载寝之床，载衣之裳，载弄之璋。
乃生女子，载寝之地，载衣之裼，载弄之瓦。
人们认为，女孩子既做不出什么好事，也做不出什么坏事，只需要考虑如何做好饭菜，不给父母添麻烦就行了。

中国的女子很少接受教育，登上皇位的女性屈指可数。她们深陷传统的偏见之中，无意纠正这一违背自然天性的行为。

潘长耀在庭院中修建了游乐场、池塘、花圃、假山、鸟舍，以取悦自己的妻子和女儿，或许这是对她们无法接受教育的补偿吧。潘长耀的住宅品味高雅，其他官员或商人的豪宅完全无法匹敌。庭院、大堂、游廊、门廊、阳台等建筑都修建得美轮美奂，极尽奢华。潘家的内眷穿行其间，享有些许自由。在中国女性的日常消遣里，游湖占很大的比重，从露台到凉亭，再跨过漂亮的石桥，来到宝塔之下，整个过程就像是一次远足，令人兴奋不已。妇人们身穿真丝长袍，长袍上用金丝刺满了美丽的图案。她们在绿树环绕、浓荫蔽日的房子里避暑，窗外湖面上不时吹来阵阵凉风，令人神清气爽。

---

[1] 著名粤商，经营广州十三行中的丽泉行。——译者。

潘长耀庭院中的喷泉

广州的帽子店
Cap-vender's Shop, Canton

帽子铺里经常聚集着一批无所事事的人。铺面的门脸外悬挂着灯笼，招牌上写着店铺的名号，旁边的匾额上写着各种宣传语。这些宣传语讲述的无外乎商品的质量、价格及折扣的力度。柜台外围着栏杆，这些栏杆既有防护作用，又有装饰作用。他们借鉴伦敦和巴黎帽商的做法，把样品陈列在柜台里，看上去既精巧，又富有品味。帽子铺门口站着一位游方僧人，可怜兮兮地念着经文，时不时敲打着手中的木鱼，发出清脆的声音。

版画中的帽子铺在广州负有盛名，其装饰风格、顾客身份及铺子里的商品，在整个行业内都是数一数二的。他们的顾客主要是达官显贵以及当地的富豪，对这些人来说，这个店里的帽子标志着身份与特权。

酷暑时分，帽子没有用武之地，天气转凉的时候，人们才会戴上一顶丝质衬里的无檐便帽。天气再冷些，人们会戴上一顶由纤细的藤条编织而成的帽子，帽檐外翻。季节不同，帽子也有变化，室内、室外戴的帽子也有差异。夏季的帽子多由细竹片编织而成，帽子呈锥形。富有的平民百姓会在便帽前檐镶上玉石与玛瑙。冬天的时候，人们戴上更加厚实、也更加合适的皮帽子，帽子还可以护住耳朵。不过，官员帽子上的装饰、区别官阶的顶珠，以及顶子上的花翎，冬天与夏天没什么区别。官阶不同，官帽上的顶子颜色也不同，顶子有红、蓝、白、金等颜色，顶子上的宝石也不一样。顶子上的花翎有单眼、双眼之分。冬天，生活在中国北方地区的人们，即便在室内，也会戴便帽。

广州的帽子店

河南寺
The Great Temple at Honan

珠江南岸一片田园景致，风光秀美，往来游人不绝，还有很多虔诚的香客。他们穿过泥泞的街道，跪倒在神像前，虔诚地祈祷、许愿，然后消失在远处的尘嚣中。一座造型美观的虹桥通往寺庙，尽管毗邻的城市喧嚣繁忙，寺内却如天堂般宁静。此处风光宜人，河流两岸长满了葱郁的树木，柔嫩的枝条轻拂着水面，婆娑的树阴下是人们乘凉的好地方。丰富的色彩与摇动的树影，使得周边更加迷人。

寺庙坐落在河边，经常会迎来各式游船，码头上人来人往，十分热闹。人群中，既有老人、孩子，还有各种各样的病人，他们祈求菩萨原谅自己犯下的罪过，保佑自己免受刀砍斧劈等阴间酷刑的惩罚。不过，这里还有一些人，他们专门勒索、偷窃这些虔诚的信徒，用下三滥的手段骗取他人的信任，犯下不可饶恕的罪行。这些恶徒的想法也很简单，认为这些信徒是糊涂蛋，活该受骗。他们充满恶意地调侃道，这是周瑜打黄盖，一个愿打一个愿挨。于是，你会怀疑中国人的善恶标准——如何分辨对与错？善与恶的界限又在哪里？

庙门、影壁、山墙、飞檐及雕刻出来的各种飞禽走兽，令人眼花缭乱。走进寺院中，你会看到高大的菩提树。数百年来，这些树木成功地避开了外界的纷扰，保存至今。这些沧桑古木洒下浓重的树阴，为那些临时搭建的、脆弱的房屋增添了些许古韵。第二道庙门旁的参天古木气势非凡，睥睨一切，恰到好处地衬托了寺院的庄严。穿过这些树木，你便来到了一个全新的空间。沿着密林间的小径前行，你会来到一处长廊，长廊内雕刻着各式仙人与怪兽。走过第二座广场，便会到达庄严的大殿，大殿内供奉着金碧辉煌、令人生畏的佛像。大殿正中供奉着三座佛像，代表着佛的三世——过去、现在和将来。右侧的燃灯佛主管过去，左侧的弥勒佛主管未来，中间的释迦牟尼佛掌管世人现世的命运。佛像两旁有几尊蹲伏着的怪兽雕塑，高达11英尺。佛像前的供桌上摆放着香烛、鲜花和水果等物品。供桌旁的墙壁上悬挂着丝质的条幅，条幅上用金线、银线绣满了各式真言和咒语。支撑房梁的柱子上面镀上了一层金箔，房梁上悬挂着上百只灯笼。在幽暗神秘的灯光下，僧侣们诵经礼佛，举行庄严的宗教仪式。

大殿内有几个面积大致相等的内堂，供奉着佛像和各种艺术品。大殿一侧是一座宽敞的庭院，寺内的数百名僧人便居住在这里。僧侣们等级分明，地位悬殊。有些僧人身穿华丽的袈裟，这意味着寺院内"香火鼎盛"，但寺内还有一些衣着破旧、骨瘦如柴的僧侣，他们可以说一贫如洗。

僧侣们很看重佛教仪式，他们的职责之一便是举行庄重的仪式，这些仪式往往会给人留下深刻的印象。不过，当这些有道高僧跪倒在佛龛前虔诚地叩拜时，围观的群众往往不为所动，无动于衷。事实上，整个中国都不存在广泛的佛教信仰，人们对佛教仪式漠不关心。有些佛教徒甚至会改变寺院的用途，做出种种亵渎神灵的行为。

河南寺外的码头

寺内大殿

香港与澳门

香港
Hong-kong

香港位于珠江的河口，岛上岩石密布。欧洲人很早便已听说过香港，但却是近几年才来到这里。香港位于澳门正东 35 英里处，距离广州大约 95 英里。珠江入海口还有一个长约 100 英里的三角洲。广州一带河流众多，珠江是其中最大的一条。据说在几个世纪前，一位商人不小心把一袋子珍珠散落在江水中，水面立刻变得珠光闪闪，耀眼夺目，珠江也因此而得名。人们在珍珠落水之处岸边的岩石上修建了一座庙，取名珍珠庙。过了三角洲所在的河口，香港便在河口右侧。香港得名于红河，还有人说得名于香江。还有人认为香港出自船员之口，因为当他们口干舌燥，腹中空空的时候，可以从岛上得到补给。

香港岛 9 英里长，6—8 英里宽。一位已故的旅行家曾说："香港崎岖不平，土壤贫瘠，山上怪石嶙峋，山谷连绵悠长，岛中央有两处断层，把小岛分成东西两个部分，断层处溪流奔涌，绵绵不绝。"北部山势陡峭，澎湃的海浪冲击着山脚；南部则较为平缓。山谷中夏天稍微有点热，冬天又稍微有点冷，不过总体上还算舒适，和英国一样，这里气温不会骤然发生变化。

夏季时分，这里常吹东南风，北部的高山可以有效阻挡南下的北风。岛北部空气质量差，经常下大雨，温度又较高，湿热的水汽笼罩着潮湿的地表，往往是大雾弥漫，疟疾盛行。岛南部在东南季风的吹拂下，空气比较清新。

香港居住着大约 4000 多名中国人，他们吃苦耐劳，却仍旧十分穷苦。每一处可以遮风挡雨的角落里都可以看到渔夫的窝棚，窝棚前挂着破旧的渔网。

从香港到上海乘船需要 5 天。上海城有 300 余年的历史，城市规划非常不规则。这里的街道狭窄、肮脏，公共建筑也不如宁波好。上海建有造币厂、棉纺厂、丝织厂、玻璃厂、造纸厂，还有加工象牙、贵重金属等工艺品的作坊。先前，这里与中国北方以及中亚地区有贸易往来，而到鸦片战争后，上海被迫向欧洲人敞开了大门，贸易额剧增。1843 年起，欧洲人在上海的租界内修建了许多工厂和商店，它们设计合理，建造得规则有序，装饰着华丽的东方奢侈品。

香港

维多利亚要塞
Fort victoria, Kow loon

香港是优良的东方海港，港阔水深，适合大型船只停泊，可以抵御高强度台风的侵袭。岛上有座山，取名香港峰，远远望去就像矗立在海面上，十分秀美，事实上，山上草木稀疏。山顶有坚硬的花岗岩，是建房用的好石材。

中国人并不善于航海，经常在河流、湖泊以及海岸线一带航行，无心从事远洋贸易，他们对异国他乡也不感兴趣，这与英国大不相同。对不善于远航的中国人来说，香港并没有多大的价值。英国的远征队曾经在九龙采办物品，发现当地贸易规模虽然不大，但是相当活跃。英国人曾经和善变的清朝政府达成协议，双方把九龙作为中立区，因此，九龙半岛上的炮台应当拆除，以增强双方的信任。不过，清朝政府却没有遵守约定，英国人不得不强行占领九龙半岛，并在岛上修筑了中式风格的要塞，命名为维多利亚要塞，由英军守卫。要塞位于九龙半岛的东南端，这里的土壤比大陆上的肥沃，空气干燥，气候温和。不管是从军事意义还是商业价值上来说，这里都比香港更适合做殖民地。

维多利亚要塞是行政机构所在地，东西长约3英里。政府办公大楼建在高山之上，山下修建有军营、医院、仓库、教堂、官员的住所、邮局等建筑。从山上望去，这些建筑尽收眼底，一览无余。在中心地带的海滩东西两侧布满了外国人的房屋、店铺、交易所，此外还有公共市场和两三座教堂。

欧式别墅大多都有三间房屋，每间房屋高40英尺，宽15英尺，建有开放式的阳台，还有专门为中国人设计的卧室和独立的办公室。每一位欧洲人都有自己的经纪人，当地人称他们为"买办"。"生活在山上的别墅里，港口和乡村的美景尽收眼底，这令人十分愉快。"

维多利亚要塞

从九龙远眺香港

Hong-kong, from Kow-loon

从远处看去，香港岛毫无特色，岛上处处是悬崖峭壁。从山顶到海边，几乎没有什么树木，看上去就像一片不毛之地。

1842 年，中英签订《南京条约》，规定把香港岛割让给英国。英国人随即在岛上修建了维多利亚城，这是岛上唯一的集镇。璞鼎查爵士初到香港，只是随便搭起了一座帐篷，当作政府的办公场所。短短两年内，一座人口稠密的大集镇拔地而起。他们修建了一条宽 16 码的环岛大道，还修建了天主教堂、马礼逊教育会、普通医院、教会医院及海员医院等公共建筑。欧洲人加上当地的华人，总人口达到 14000 人。

赤柱村是岛上最大最重要的村庄，约有 800 名村民，建有 180 余间住房与商铺，这些房间均价 400 元。村民主要从事贸易、农业和水产加工。村庄还有 60 余亩耕地，其中一亩稻田值 40 元，一亩菜田值 14 元。当地人每月加工 20000 镑水产品，消耗掉 4000—5000 磅食盐。每天有 350 余艘船只往来，大多是外地来的捕鱼船，本地的船只不超过 30 艘。村民把加工好的水产品运往广州等地，换回生活必需品。

赤柱村的房子不如大陆地区的房子，但比起岛上其他村庄的住房，已经算是很不错了。但是，这里耕地少，土壤贫瘠，没有办法以耕地为生，完全不如周边的村庄。

从九龙远眺香港

竹制高架水渠
Bamboo Aqueduct, Hong-kong

香港阳光充沛，美景众多，举世罕见。峡谷起伏不定，耕地连绵平缓，富有浪漫气息。巨大的岩石随处可见，高大挺拔的树木苍翠欲滴。

宽广的稻田边，峭壁拔地而起，山岩上长满了树木。这座美丽的小岛上，可以说处处都是风景。很煞风景的地方，就是那些欧洲人建造的工厂了。峡谷里，溪流缓慢地流向宽广的海洋，两侧的峭壁直冲天际，高低不平，与周围平缓的田地形成鲜明的对比，那郁郁葱葱的丛林又为整个画面增色不少。农业在中国至关重要。这些怪石除了利于遮风挡雨之外，中国人还把它们巧妙地运用到耕作上。当地农民在山岩上修建了简易的水渠，把峡谷中的溪水引到干旱的土地上，把不毛之地开垦成良田。

香港地势起伏不平，天气十分闷热，土地贫瘠。峡谷中生长着大片的丛林，丛林间掩映着可爱的村庄。树木遮挡了炽热的阳光，为歇脚的人提供阴凉。

香港人的耕作技术远非其他地区可比，他们可以把最贫瘠的土地变成最高产的良田。竹制水渠，便是发展农业的一个重要手段。竹子遍布东亚各国，广泛应用于人们的生活中。竹子瘦长，挺拔，中空外直，每隔10—12英寸便有一处竹节，有些竹子可达40英尺高。在中国，随处可以看到竹制品。我们可以看到竹制的水管、竹子扎成的篱笆，以及竹制的轿子。除了竹制水管，人们还建造竹桥。在爪哇，"桥通常都是由竹子建成的，上面还铺有竹垫，这些桥十分轻便，晃得很厉害，看上去很危险，事实上它们非常结实。暴雨过后，那些其他材质、造价昂贵的桥有可能会被冲毁，而这些竹桥往往平安无事，即便被冲毁，也可以马上修复"。马来西亚人用醋和辣椒腌制鲜嫩的竹笋，中国人则把竹竿和竹叶做成纸浆。另外，竹子还可以做成篮子、盒子、船只、竹筏等。中国的商船大都装备有竹制的救生工具，这些救生工具制作简单，是水手们的最佳选择。竹子的用途远非以上列举的那些，还广泛地应用在船上，桅杆、帆柱、帆篷、绳索等都由竹子制成。当船员不服管教的时候，船长还会用竹杖抽打他们。

在中国，竹子广泛应用于建筑、农业、航海、制造业乃至食品业等领域。它给中国人的生活带来了极大的便利，几乎每一件中国家具上都用到了竹子，比如椅子、桌子、屏风、床、凉席、纸张、厨具等。

竹制高架水渠

从香山炮台俯瞰澳门

Macao, from the Forts of Heang-shan

　　澳门地理位置优越，景色优美。整个半岛群山环绕，山上怪石嶙峋。一条河道蜿蜒绵长，大型轮船往来无阻。岛上景点众多，不胜枚举。它还有着不同寻常的政治意义。长久以来，葡萄牙探险者便徘徊在中国海域。他们贿赂沿海地方的官员，与当地百姓做买卖，有时也像海盗般侵扰抢掠，通过以上种种方式，获利颇丰。之后，葡萄牙人做事不择手段，最终获准在澳门永久定居。他们必须要融入当地居民中去，不能居住在自己独立的社区。

　　澳门坐落在半岛上，长3英里，宽1英里，一侧蜿蜒入海，形成一道美丽的海湾，另一侧稍微凸出。岛上山峦耸峙，遍布着欧式的教堂、修道院、角楼及高大的房屋。香山山顶陈列着雄伟的炮台，足以使侵略者望而却步。一条弯曲的小溪从山顶顺势流下，汇入海湾。自从当地人对葡萄牙人心生不满之后，他们便开始修建一堵墙，以此与葡萄牙人隔离。据说修建这堵墙的目的在于阻止基督徒偷盗当地的孩子。一位清朝官员长期居住在澳门，负责管理这些葡萄牙人，同时也保证他们的正常生活和贸易活动。他可以断绝葡萄牙人的食物供应，以此来阻止葡萄牙人违约新建或者翻修房屋。他也可以利用这种手段，监督葡萄牙人的军事行动，确保他们无法增派部队。葡萄牙人一旦违法乱纪，便会受到惩罚。葡萄牙在澳门的军人一直低于400人。

　　葡萄牙在澳门设有行政机构，官员包括一名军事总督、一位法官，以及一位主教，他们的年薪都是600英镑，与他们的职务相比，这些报酬相当可观。中国政府统治着3万余名当地百姓。葡萄牙总督则管理着包括葡萄牙人在内的所有欧洲人，以及母亲为马来人的葡萄牙后裔，总数不足4000人。不过，葡萄牙总督的权力并不强大，当地的地主经常会勒令欧洲人在限定的几个小时内离开自己的土地，没收那些不愿离开的欧洲人的财产，剥夺他们的许可证。由于无法正常行使自己的贸易权，澳门在葡萄牙人的贸易地位中日渐降低。渐渐地，教堂礼拜的人越来越少，闲置的房屋越来越多，港口也一天天荒凉起来。

从香山炮台俯瞰澳门

澳门大湾
Pria Granda, Macao

　　繁荣的对外贸易、天主教的广泛传播、文学和艺术领域众多的成就，这些都值得葡萄牙人引以为傲。不过现在，除了卢西塔尼亚豪华的建筑外，以上种种都已消失不见，难觅影踪。他们逐渐失去统治东方的能力，所占领的殖民地纷纷独立。澳门是重要的商业中心，为了争夺澳门的统治权，西班牙曾经和葡萄牙兵戎相见。西班牙战败，将澳门拱手让与葡萄牙。历史上，西班牙商船曾经横行于中国的海岸线上，英国商人也曾经在此大发横财。不过，在澳门悠久的历史长河中，这些都只是短暂的瞬间。

　　南湾，也叫大湾，非常繁华，是东方商业中心的典范。从此地登陆，你会看到一条令人叹为观止的回廊。一排精美的房子坐落在海岸线旁边，如同月牙一般，绵延700余米。回廊前是开阔的海滨，人们用石头砌起一条长长的堤岸，堤岸边建有码头。在图中，可以看到葡萄牙驻澳门总督的官邸和英国人修建的工厂。海关大楼前高悬着带有皇家标志的旗帜，规模庞大的参议院坐落在街道的尽头，外观十分朴素。大湾的另一侧，英式建筑、葡萄牙教堂、中国庙宇等比邻而建，建筑风格迥异。圣约瑟夫教堂是其中最宏伟最漂亮的建筑，是葡萄牙人最早修建的12座教堂之一，也是一座学院，装饰华美壮观，富丽堂皇。当地的居民大多生活在后街的单层建筑内，主要从事粮食、蔬菜及海产品贸易，还有一些居民是工匠、铁匠、裁缝等。

　　除了圣约瑟夫教堂，澳门还有皇家文法学院，以及其他一些由葡萄牙人创办的学院与慈善机构。这些慈善机构收养了众多被抛弃的女婴。

澳门大湾

澳门妈祖庙
Facade of the Great Temple, Macao

妈祖庙位于澳门城西北约半英里处，交通不便，不过风景优美，游人往来不绝。庙宇位置隐蔽，只有走到那些陡峭而坚实的台阶上，游客才会突然发现它。庙前竖立着两根高大的红色旗杆——这是妈祖庙的标志，旗杆底部陈列着三块巨大的条石，上面刻着捐赠者的姓名、官职，铭记着他们的善举。旗杆一侧是妈祖庙的正门，另一侧是澳门半岛伸进海湾的一角。旗杆旁的庙前空地十分宽敞，善男信女、小商贩、杂耍艺人、卖唱艺人、船夫、士兵、官员各色人等来来往往，十分热闹。这种场景在中国的港口比比皆是，本书其他章节也有介绍。不过，妈祖庙实在是非比寻常，因此有必要详加介绍。它的魅力之处，不在于规模宏大、傲然耸立，而在于其结构超乎寻常地精致与缜密。在中国，恐怕你再也找不到一处建筑，能够像妈祖庙一样与周围的风景融为一体。建筑与山峰，以及山间的参天古木浑然一体，如此景致，只可在图画中看到。中国的工匠喜欢把大块未经雕琢的石头垒起来，筑成一道围墙，围出一片空地，类似于欧洲古老的避难所一般。围墙很矮，上面竖着栏杆，栏杆分成几段，栏板上面雕刻着乐器、花朵及武器等各式图案，多幅图案连接起来，便讲述了一个故事。一组栏板上，一个孩子坐在一只四足怪兽身上，旁边站着一位长者，后面跟着两个举着伞的女人。看到他们，头上长角的魔鬼仓皇逃窜。另一组栏板上，则讲述着一则与奉献有关的故事。

澳门妈祖庙

澳门的寺庙
Chapel in the Great Temple, Macao

人们发现，罗马天主教在习俗上和佛教有很多相似之处。这一点，那些学识渊博、思想深刻的传教士们也并不否认。不过，尽管在诸如服装风格、宗教仪式、宗教礼节上，二者非常相似，以至于欧洲人看到佛寺内举行的仪式后会不由自主地联想到天主教的仪式，但二者在本质上截然不同。图中是澳门岛上的一座大寺院，寺院内的僧侣持戒精严，衣着朴素，主要靠施舍度日。但他们居住的禅房墙壁上装饰着华贵的雕刻品，还挂着几幅画，彰显着主人高雅的品味。

通向寺院的门廊造型优美，廊柱两端摆放着许多栩栩如生的动物雕塑。穿过门廊，便来到了大殿之上，这是举行宗教仪式的地方。正前方的祭坛正对着圆形窗户，祭坛上的佛像大小不一、材质各异，造型千奇百怪，此外还有各类饰品。人们在殿内静静地祭拜，不时地被摆放在角落内的某个物品所吸引。殿内摆放着刀剑、火绳枪、战鼓，以及其他象征武力与征服的物品，看起来就像一个武器库。殿内装饰着缤纷的缎带和缎带做成的花环，屋顶上悬挂着不同颜色、不同形状、大小不一的灯笼。僧侣们忙着接待香客，出售书写着经文和祈祷词的红色小纸条，以此来换取些许好处。当然，他们也会卖给香客一些祭拜用品。高高的祭坛上烟雾缭绕，凑近蜡烛，香客们点燃手里的红纸条。伴随着红纸条冒出的袅袅青烟，他们跪倒在佛像前，在佛前许下心愿，祈求佛祖保佑。通往膳食间的大门一直是敞开的，这儿聚集了许多闲散的僧人，好奇的香客总会偷偷地打量这些房间。

游人如织的寺院正对着一块狭小的空地，寺院与空地之间铺着一条石阶。空地坐落在海边，视野开阔，景色宜人。空地十分平坦，地上铺砌着砖石，环绕的石栏杆上雕刻着精美的图案、各式经文和戒律。海面上，一座小寺院凭空而出，坐落在山石之间。寺院内有一座佛像，院门口悬挂着一盏硕大的纸灯笼，十分奇特。寺院旁还有一幢意大利风格、瓷质屋顶的建筑，建筑前面是一块圆形空地。窗下的岩石底座上，放着一个容器，容器内盛放着虔诚的信徒捐赠的香火钱。我们不知道这个小小的六角形底座能在多大程度上满足香客们的愿望，不过可以肯定的是，到此上香的香客远远没有在大殿上香的香客多。

寺院坐落在岩石间，周围景色非常漂亮，梯田隐现于大海上，自然美景与人工建筑结合得如此紧密，如此完美，令每一位建筑师都叹为观止。时光流逝，与世隔绝的僧侣们既无意在俗世奔波，也听不得俗世的喧嚣，只是端坐在寺院之中，为往来香客奉上香烛。

澳门的寺庙

贾梅士洞
The Grotto of Camoes, Macao

澳门有很多值得游览的建筑遗址，葡萄牙著名诗人贾梅士隐居的洞穴便是其中一处。这座简陋的石洞位于悬崖峭壁之上，在此可以俯瞰壮丽的澳门岛、浩瀚的大海、远处高耸的山峦。拾级而上，游客便来到了这个隐秘、朴素的地方，岩石上建有一座小亭子，亭子内安放着诗人贾梅士的胸像。哪怕是没有受过什么教育，或者一时记不起诗人详细的经历，游客仍会兴高采烈地说出贾梅士的名作《葡国魂》，并且知道诗歌的主体部分是在这儿写就的。

历史上有很多伟人，生前默默无闻，为时代所遗忘，死后才被人们记起，为人们所激赏，那些象征荣誉的花环本应装饰在他们生前居住的房间，而非放置在他们的墓前。贾梅士便是这么一位伟人。贾梅士1524年左右出生于里斯本，父亲是一个船长，他在科英布拉读完大学，后来返回到里斯本。在那儿，他狂热地追求宫廷贵妇凯瑟琳·德·阿泰德。这段不幸的恋情引发了一场争端，他被放逐到了圣塔伦。在生活中，那些绝世的天才总是怀有暴风骤雨般的激情，里斯本的情圣——贾梅士在圣塔伦变成了一位伟大的诗人。失恋激发了诗人的天性，灵感源源不断。他创作了大量诗歌，悲叹爱情逝去的痛苦，数目完全不亚于但丁、彼特拉克、阿里奥斯托和塔索等人。他内心敏感、深感绝望，于是决意投身军旅。他参加了葡萄牙远征摩洛哥的战争，在战斗的间隙创作了一大批饱含爱国主义精神的诗歌。在休达战役里，一支利箭夺去了他的右眼。他本希望战场上的伤痕可以帮他赢得美好的爱情，但最终发现伤痕和诗歌一样毫无作用。面对心爱之人的有意怠慢，贾梅士满怀愤恨，并于1553年踏上了远去印度的轮船。他在果阿下了船，三年后他的父亲也在这里遭遇了海难，葬身大海。他原本计划投入大量时间与精力，发挥自己的想象力，创作一首长篇史诗，歌颂那些身在印度、富于开创精神的葡萄牙同胞。但是，诗人天性高贵，思维活跃，面对自己的同胞在当地犯下的种种暴行和背信弃义的举动，他没有办法视而不见，于是写诗加以鞭挞，这使得他再度被流放，最终来到了澳门这片新的殖民地上。他虽然被任命为法官，但这丝毫无法抹煞他被流放的事实。在澳门的几年里，他断绝了一切社交活动，全身心投入到那富于东方魅力的大自然。同时他也拥有了大量的闲暇时光，可以把自己宏

贾梅士洞

伟的构思诉诸笔端。这是他创作精力最为旺盛的几年，他以达伽马在印度探险的经历为主题，创作了不朽诗篇《葡国魂》。

当青春之花凋零、生命的活力逐渐逝去的时候，这位伟大的诗人、爱国者应召回国。厄运如影随形，船只在交趾[1]的湄公河口遇上了海难，贾梅士一只手高举着手稿，另一只手在翻滚的波涛中奋力划行，历经艰难游到了岸边，避免了重蹈父亲的厄运，这个时候留在身边的只有他的手稿。到达果阿之后，麻烦仍然不断。他因欠债而入狱，在朋友的担保下才重获自由。对于贾梅士在流放中所遭受的种种不公，朋友们深表同情。贾梅士重获自由之后，也赢得了葡萄牙王室的支持，年轻的国王塞巴斯蒂安十分喜欢诗人的作品，他看到了诗人的天才和作品中流露出来的强烈的冒险精神。国王打算亲率军队远征非洲的摩尔人。在舰队启程之前，他希望贾梅士把《葡国魂》献给自己。塞巴斯蒂安国王实现了自己的愿望，1578年，他英勇地战死在阿尔卡萨尔城下。随着国王的去世，葡萄牙王室内讧，国家四分五裂。贾梅士失去了国王，也失去了一切。回到了葡萄牙之后，遭人嫉恨的贾梅士生活困苦不堪，四下求助无门，希望之光一道接着一道地熄灭。而在贫困交加的绝境中，只有一个印度仆人不离不弃，忠心耿耿。这个身份卑微的人沿街乞讨，以此来养活自己的主人。不过，即便境遇如此艰难，他仍然笔耕不辍，创作了大量抒情诗。后来，仆人再也无力供养诗人。诗人被送进了里斯本总医院。1580年，贾梅士在医院里悲惨地死去。15年之后，人们为他修建了一座宏伟的纪念碑，他的作品在欧洲被翻译成多国语言。

---

[1] 今越南。——译者。

习 俗

元宵节
The Feast of Lanterns

中国人没有礼拜日，不讲究每周休息一天，但他们有纪念鬼神的节日，还有标识时节变迁的节气。另外，婚丧嫁娶对他们来说也是节日。元宵节是仅次于春节的第二重要的节日。正月初一，大家阖家团圆，欢度春节。正月十五（一般在公历2月中旬），是新年第一个月圆之夜，人们称之为元宵节。元宵节是一年之中最为闲适的节日，富人们会拿出一笔钱赞助节庆活动，穷人们也可以积极参与各式娱乐。节日当天，迷信的人们会去附近的寺庙里祈福，他们在供桌上点燃一小支蜡烛，还会把这支点燃的蜡烛带回家。回到家中，如果蜡烛还在燃烧，这便意味着主人来年人财两旺；如果蜡烛在中途熄灭，主人来年便会晦气缠身。

中国的元宵节源于唐代，当时还不是十分普遍。元宵节类似于埃及的灯节，期间，整个中国处处是火树银花不夜天，正如希罗多德笔下的埃及一样："灯节那天，从尼罗河瀑布到地中海，整个帝国灯火辉煌。"至于元宵节的目的何在，中国人似乎并不明确。现在的元宵节似乎仅仅为了展示帝国的实力，借此炫耀一下他们那高超的灯笼制作技术，或者观看一场绚烂的烟火表演。元宵节那天，每一所房子、每一座角楼、每一处寺庙，都高挂起一盏盏灯笼，甚至桥边和船上也不例外，其总数不下2亿盏。灯笼不仅数目众多，样式也多种多样，或如飞鸟，或如猛兽，或如游鱼，使得节日里的人们如同漫步在动物王国；它们图案繁多，透明的灯罩上绘有丰富多彩的图案；制作材料不一而足，珍贵贝壳、云母、动物角、玻璃、纸片、棉花、丝绸等均可用来制作灯笼。下至普通百姓家，上到皇宫大内，处处悬挂着纯手工制作的各式灯笼。同时，家家户户都会放烟花，不到火药燃尽绝不罢休。这么一天下来，花销甚大。

元宵节期间，人们成群结队地逛庙会。庙会上的灯笼花样繁多，令人目不暇接。鱼形的灯笼，通体透明，鱼嘴里不断地往外吐水；龙形的灯笼，龙眼中不时喷射出火焰。有些动物形状的灯笼，突然之间会爆炸，产生金字塔般的火焰，场面十分壮观，令人胆战心惊。这些灯笼悬挂在门前高耸的木杆上，放眼望去，整个夜空中尽是四处飞舞着的鸟兽虫鱼。

元宵节当天的烟火表演，证明了中国人在这方面独擅胜场。请允许我援引下面一段文字，它们非常详细，但丝毫也不夸张。

首先映入眼帘的是一棵巨大的树，树身为藤蔓所缠绕。树干、树枝、树叶以及果实等颜色与真树别无二致，蝴蝶不时地在树间蹁跹飞舞。接着，为数众多的火炮

元宵节

冲向高空，幻化为数不清的繁星、彗星、蛇或者龙。四面八方点起了熊熊的烈火，各式的灯笼闪耀其间。灯笼上面写着几句诗，或者画着花果与团扇的图案。紧接着，数道光环组成的光柱腾空而起，长达数分钟之久，造型之精美，前所未见，令人大开眼界。最后压轴出场的是一条飞舞的巨龙，不可数计的飞虫与旗帜跟随在它周围。突然间，蓝光一闪，但见皇帝骑在龙背之上，御龙而行。随后，烟火变为黄色，最终化为刺眼的白色。当皇帝身影出现在龙背上时，大量的火炮冲向天空，紧接着是震耳欲聋的巨响。

迎春仪式
Ceremony of Meeting the Spring

二月份，当太阳第15次出现在宝瓶星座，月亮第二次出现那天，百姓们会举行一年一度的游行，以迎接春天的到来。节日到来之前，虔诚的信徒会去寺庙烧香，佛寺、道观、孔庙与先贤祠堂总是人满为患。那些对寺庙不感兴趣的人，则会利用这一时机走亲访友，大宴宾朋。还有一部分人则积极投身于庆典那欢乐的海洋中。庆典的仪式大约持续10天，每天都会祭拜不同的神灵。家禽、狗、猪、羊、牛、马、人、豆、麻、豌豆，是人们轮流祭拜的对象。"人日"和"牛日"这两天的仪式最为隆重。"牛日"当天，游行队伍先在村中集合，然后前往寺庙。寺庙里，当地的父母官遵从历年的风俗，献上丰盛的祭品，跪倒在游行队伍高举着的象征春天神灵的神像前，顶礼膜拜。伶人们身穿华美的服装，服装上装饰着缎带与花环，翩翩起舞。还有人敲锣打鼓，奏乐助兴。彩旗飘扬，灯笼处处，糊成菠萝等水果形状的纸偶随处可见。轿子上还有纸扎的童男童女，男孩是半人半兽的模样，女孩子则被打扮成了花神，手上举着山茶花，这是因为茶树花朵美丽，象征着高贵的女性。巨大的水牛像，或者是陶制的，或者是纸糊的，是仪式的主角。游行队伍中，一些强壮的男性身穿象征着春天的多彩的服装，会在仪式中烧毁纸牛。整个游行队伍中，桌子和轿子往往多达上百张，每个轿子上都放满了纸扎的男孩像、女孩像、水牛像、神像等等。父母官是"春天的牧师"，会提前一天来到指定的寺庙，负责迎接远道而来的游行队伍。在仪式进行的这几天里，他是仪式上最大的官，即便是他平日的上司也需听命于他。站在象征着国家权力、绣满装饰的华盖下，父母官身着节日的盛装，宣读祭春的文章，劝导人们努力耕种。之后，他会效仿耕地的农民，挥舞起鞭子，抽打水牛像三下。一声令下，游行队伍开始用石块砸水牛像，塑像随之轰然倒塌化成碎片，人们便一哄而上，争抢碎片。在宽阔的公共场所，随处可见欢快的人群，伶人们载歌载舞，展示自己的才艺。官员们慷慨地赏赐伶人，把大把的钱币洒向人群。

"人日"这天，人们会扎一个巨大的纸人，四处游行，整个仪式和"牛日"相似。官府负责雇佣轿夫，准备供百姓膜拜的"年神"雕像。中国的纪年方式是六十年一个轮回。巴勒莫有一种类似的节日，叫"圣罗萨莉亚的胜利"，仪式环节大致相同，同样十分铺张，目的却完全不一样。不过，古埃及的神牛节与中国的"牛日"游行却十分相似。

迎春仪式

赛龙舟
The Festival of the Dragon-boat

中国有四种神圣的守护神，它们分别是：麒麟、玄武、凤凰、龙。麒麟掌管文字，能预言圣人出世。玄武掌管道德，当世风淳美、天下太平之时，就会现身。凤凰掌管占卜之术，龙则是权力的象征。龙象征着帝王的权力，我们可以在帝国的旗帜上、诏书里、公文中、书籍内，以及所有与皇室相关的器物和印章下发现龙的身影。龙还负责掌管四季更替，天体运行。农历五月初五那天，中国人为了庆祝端午节，还会举行龙舟比赛。

比赛用的龙舟船体狭长，装备有 40 至 60 只船桨。船头雕刻着威严的龙首。两岸观众热烈加油鼓劲，欢呼声、乐器声、锣鼓声震耳欲聋。但见龙舟飞快地破浪前行，船中央摆放着一面巨大的牛皮鼓，三个强壮的汉子豪迈地敲击着鼓。大鼓旁边，一个杂耍艺人正随着鼓点的节奏表演，他忽而做鬼脸，忽而倒立，忽而翻跟头……船头狭小的甲板上，两个人笔直地挺立，挥舞着手中的长戟，姿势威严庄重。

赛龙舟

丰收节的献祭

Sacrifice of the Ching-tswe-tsee, or Harvest Moon

中国一些迷信的人认为水中和陆地上生活着各种鬼神。他们崇尚自然，为自然中的众多神灵雕塑神像，并且不时献祭。这种做法由来已久，流传了 2000 余年。

献祭分为三种：大祭、中祭、小祭。丰收时节的献祭属于中祭。中国人认为，丰收来自造物主的恩惠，如若造物主不再眷顾，一切努力都是白费。因此，丰收时节，他们向上天献祭，祈求来年再获丰收。

丰收节当天，无论身在何方，中国人都会放下手头的工作，举行一场庄严的献祭活动，表示对土地神的感激。每个城市都有专门用来祭拜的地方，人们在那儿竖起一尊雕刻得十分粗糙的土地爷像，然后聚集在石像周围叩头烧香。人们还会把石像周围的树砍成人形，代表土地神，或者代表园林、农业和耕种的守护神。这些简陋的木质雕像也是风雨雷电、日月云朵等自然现象的具体化。

航行中的船员也要过丰收节，向海中的神仙献祭。他们把神像搬到甲板之上，在神像面前斟上几杯茶，点起两把香，船主和水手们跪倒叩头。然后，船主会站起来，高举点燃的火把，绕船三周，以神灵的名义驱赶恶魔。之后，把茶水洒在地上，献祭海神。仪式结束之前，人们还要放鞭炮，敲响锣鼓。

献祭农业神这一习俗由来已久。节日之后，人们便拿出竹筛子和一大块棉布，开始扬场，并且为播种下一茬水稻做好准备。为了祈求来年五谷丰登，每个家庭还要祭拜自己家里的土地神。各家各户都会在家中腾出一处空间，打理得干干净净，用来摆放神像。神像一般雕刻得非常粗糙，像前有一张供桌，供桌上摆满了鲜花、香烛、米饭、茶杯等。祭祀由女主人主持，她跪倒在供桌前，丈夫跪在身旁，孩子们跪在身后。她一边磕头，一边在心中默默地祈祷。这幅感恩的画面表达了人类最为美好的情感，令人动容。人能够感受到神仙的存在，并且担负起神仙赋予人们的责任。

插图生动地表现了这一习俗和祭祀的场景，非常具有代表性。我们还可以看到，打谷场远方是一处小镇，还有一座宝塔。打谷场上，人们正为新一轮的播种忙碌着。

插图中，还有一种现象值得我们关注，那就是随处可见的竹制品。屋子、大门、供脱粒的棚子都是由竹子制成的，扬场用的筛子、供桌前的席子、戴在头上的帽子、门廊下的桌子，甚至寺庙建筑也都是用竹子制成的。

丰收节的献祭

筹备婚礼

Arrival of Marriage Presents at the Bridal Residence

帝国内，富有魅力、为众人交口称赞的贵族女子往往有众多的追求者。追求者希望可以与该女子长相厮守。一旦准备好了聘礼，求婚者便向心爱的女子献上丰厚的彩礼，以此向女方家庭示好，这种传统由来已久。在亲朋好友的陪同下，追求者们比拼谁的彩礼更为丰厚。女方的父母可以把这些彩礼据为己有，或者当作新娘的嫁妆还给男方家庭。

彩礼经过精挑细选，和其他礼品大不相同，包含各类饰品、梳妆台、绫罗绸缎、各类银饰等。人们把彩礼小心翼翼地包裹起来，把它们陈列在一个大房间里，隆重地进行展示。男方家庭的司仪主持这一隆重的仪式，整个流程严格有序。新娘的姐妹以及其他亲属坐在周围，神情或是悲伤，或是严肃。家族内年长的女性，负责把这些彩礼一一展示给大家看。

筹备婚礼

迎亲队伍
Marriage Procession at the Blue Cloud Greek

西方国家里，青年男女一旦情投意合，便可以自由地结为夫妇。但在中国，这却是严厉禁止的。青年男女满 14 岁而不超过 17 岁时，父母便会一手操办他们的婚事。男方的父亲会去女方家提亲，女方家庭会根据男方家庭的经济实力来决定是否接受。在结婚之前，男女双方绝不允许见面。长久以来，中国人一直严守着这一残酷的传统习俗，婚姻这一单纯的仪式掺杂了众多的繁文缛节。庙里掌管姻缘的"月老"正在翻看《姻缘簿》，随身的绿色包袱内装着姻缘红线。媒婆必不可少，在婚姻中往来奔走。中国人相信生辰八字，八字是介绍婚事的基础。媒婆在不同人家奔走，说媒之前，会先问清双方的生辰八字，找算命先生来算算双方八字合不合。西方人的传统是看星象，乔叟某本书中的主人公曾经说过：

透过星象，
我选择自己的爱人。

如果双方八字相合，算命先生和媒婆都会得到相应的酬劳。媒婆跑到女方家，告知他们这一喜讯，然后要求女方父母签订婚书。签完婚书，男方便会送上丰厚的聘礼，包括金银钱财、丝质衣物、羊群、美酒和水果等，具体多少根据男方家境来定。这样，男女双方就算是订亲了。结婚那天，新郎官身穿大红袍，他的父亲先给他戴上一顶布帽子，布帽子上再扣上一顶插翎子的帽子，最后才是新郎的花冠。新娘也会换上新衣，盘起头发，插上新郎家送来的簪子，还要有人为新娘子开脸，举行一系列必要的仪式。随后，新娘和家中的女眷便会坐在一起哭泣，直到新娘坐上花轿离开娘家。

婚礼要挑选良辰吉日。迎亲的队伍浩浩荡荡，来到女方家里迎娶新娘，他们不停地向女方贺喜。他们带着各式各样的家具，作为迎亲的彩礼，这只是一种形式，很可能是男方家租来充门面的。彩礼一般包括装满衣物的雕花木箱、桌子、果脯、美酒、家禽、猪等。一些地方的人们认为鹅象征着夫妻间的忠贞不二，因此这些用木头或者锡箔做成的家禽在迎亲队伍中的地位十分重要。迎亲队伍中，旗手们高举着描龙绣凤的彩旗，兴高采烈地高唱喜歌，吹鼓手们演奏起笙、笛、箫等各式乐器。热闹的队伍往往引得大量的路人驻足围观。新娘的轿子如同一件精美的工艺品，大红的底色上装饰着金线绣出的各式图案。华盖后面紧跟着另一顶轿子，轿子中端坐着女方家尊贵的女性长辈，仆从们也身穿大红色喜庆的服装。

迎亲队伍来到新郎家门前，一位老妇人便会搀扶起新娘，引导她跨过大门口的火盆，进入夫家。拜完堂，新娘被带到洞房，从此便要和丈夫共度一生。洞房内点着红色的蜡烛，新婚夫妇还要在此喝交杯酒。婚后第一天，这对新人要祭祀祖先，还要向父母请安；第二天，这对新人要招待宾朋；第三天，新娘要回娘家，娘家也要设宴款待宾朋。

迎亲队伍

祭奠已故亲人
Propitiatory Offerings for Departed Relatives

迄今为止，只要一个欧洲人曾经成功地在中国游历一遭，虽然无法完全了解中国文化，但是对于中国的风俗礼仪，他必定所知甚深。触目所及，到处是荒诞不经的行为，而之所以会这样，那是因为封建帝王在长期的统治中极力宣传个人崇拜。基督徒面对这种现象，常常会报之以鄙夷的神情。当我们获得允许，得以进入中国的礼堂、庙宇等公共场所时，我们惊奇地发现了很多新鲜事。中国和众多的古代王国在某些方面惊人地相似。因此，我们得出一个结论：地球上的所有人类都有一个共同的起源。

祭祀亡灵的仪式，可以追溯到古希腊。古希腊人十分看重祭品，认为祭品可以打开连接阴阳两界的大门。中国人与拉丁人对祭祀的理解，也有些微差别。中国人通过献祭来安慰亡魂，而拉丁民族则希望通过献祭，使得亡灵顺利越过冥河。水手们为此向阿尔西塔斯祷告：

> 我的朋友，你莫挥手拒绝，
> 哪怕是些许流沙。

哀悼仪式结束之后，亡魂才会达到彼岸的极乐世界。不过在中国，人们并非超度亡魂，而是为自己祈福。他们害怕逝者的亡魂伤害自己，报复自己，恐惧来自逝者的诅咒：

> 我的诅咒追随罪人，
> 腰缠万怪你也无法逃脱，
> 只有鲜血才偿还你的罪恶。

关于中国祭祀活动的起源，有一个类似于古希腊或古罗马的神话传说。据说，有一个皇子，为了搭救自己的母亲，来到阴曹地府，经过种种艰难，最终把母亲带回人间。他之所以能成功地将母亲解救出来，是因为他品德高尚。人们认为，有罪的人死后在阴间要遭受惩罚，活着的人只有通过祭祀才能减轻亡灵的痛苦。这一类故事很多，比如奥菲斯解救欧律狄克，伊尼阿斯请教安卡塞斯，尤利西斯询问提瑞西拉斯。这些故事如同诗歌本身一样古老，在但丁时代并不为人所鄙弃。皇子会在阴历七月的第一天返回人间，那是因为月亮会在八月的某个时间坠落。人们把各种祭品摆放在祭坛前，祈求亡灵切莫发怒。人们搭建起临时的灵棚，墙上涂着令人恐怖的黑漆，绘着各式各样阴间折磨罪恶亡魂的图画。凶神恶煞的夜叉塑像侍立在两旁，令人胆战心惊。众多祭坛都放着死者的头发，以及各种装饰物。祭祀活动中，和尚既要监督祈祷者，也要参与具体的祭奠仪式。人们会呈上大量精致的食物，准备数不清的纸扎的人、马和轿子。他们认为，亡魂在阴间同样需要这些东西。神圣的仪式结束后，参加祭祀的人们把衣服扔进祭棚的炉子里烧掉，把食物留给和尚，于一片喧闹声中起身回家。

祭莫已故亲人

求签算命

Devotee Consulting the Sticks of Fate

掌管财富与命运的神庙屹然耸立，它的大门永远向众人开放，吸引着络绎不绝的寻访者探寻自己的前程。祭坛上供奉着神灵，神灵两旁安放着巨大的花瓶，花瓶内放有卷轴、书籍、算命用的签子。这些签子上，写着一些文字，预示着世间万物存在神秘难测的联系。僧人和道士利用这些签子，为来访者答疑解惑。

深邃的庙宇内一片静谧，来访者很少施舍财物，久而久之，寺庙里的香火便熄灭了。瓶子里的签子还在，随时准备为虔诚的香客解惑。卦书悬挂在祭坛的梁柱上，如同路边清泉旁的勺子一样，不可或缺。寺庙的主干道旁边，时不时会出现一条小道，小道两侧都是佛龛、凶神恶煞的神像，越深入越阴森恐怖，人们往往会落荒而逃，匆匆折返。在很多事情上，比如远行、建房、纳妾、安葬等等，人们都会求签算上一卦。奉上财物以后，香客们提心吊胆地摇动起签瓶，直到一支签子落地才会停止。解签的人看完签文之后，对照着卦书中的文字、图片或数字，通过卦象来判断求签者的运气好坏。如果鸿运当头，心想事成，求签者心中必定会无限满足。这个时候，他们会点燃线香插进香炉，把带着祈福的锡纸投进火堆，用那弥漫在寺庙上空的清烟来表示自己的虔诚和崇敬之情。

求签算命

《日月奇观》

Scene from the Spectacle of *The Sun and Moon*

中国封建王朝时代，哑剧、皮影戏和神话剧是主要的戏剧样式，严肃的戏剧一直不为人们所重视，演员大多都是喜剧演员。他们居无定所，从一个城市流浪到下一个城市，居住在临时搭建的帐篷里。他们亲手搭建起高大且坚固的舞台，舞台高达8英尺，三面面向观众。舞台上空的雕花屋顶由木梁支撑，屋檐的雕花面向正前方的观众席，这是官员、士绅以及花钱买票的观众的位置。普通百姓则位于舞台和包厢之间的露天空地上。包厢安排得非常讲究，贵妇们坐在前排，丈夫坐在她们后边。包厢内，还提供茶点和烟草等，时不时可以看到邻座间的官员邀请对方分享自己荷包中上好的烟叶。

露天空地中的老百姓没有那么多繁文缛节，精彩的演出会吸引大量观众疯狂涌入，剧场常常挤得水泄不通。两队侍卫负责维护剧场内的秩序，其中一队手拿竹枪，时刻准备抽打那些不安分、吵闹的老百姓；另外一队侍卫人数更多，通常位于舞台下方，以防止后面的观众蜂拥向舞台，一旦有这种情况发生，他们就会把那些强行挤到前方的观众扔出去。而场下的观众非常活跃，总想挤到前排，更近距离地观看演出。于是，整个演出期间，侍卫们和观众总是你推我攘，麻烦不断。

在南方，有一出神话剧非常受观众喜爱，名字叫《日月奇观》。一位观众这样描述这出戏：第一场利用拟人的手法，表现太阳、月亮和星辰和谐而秩序井然的生活。男演员手持圆形的道具，扮演太阳；女演员手持新月状的道具，扮演月亮。他们按照这些天体的轨道，模仿天体的运转，小心翼翼地移动着。雷公手握利斧，骑马猛冲，马鞍这一道具也很有特色。待到天神们转了几圈之后，至高无上的皇帝开始登场。在仙女的点化下，皇帝决心寻找极乐世界，希望在苍天的眷顾下，凡人们可以逢凶化吉，遇难成祥。有一位阴险的朝臣对皇位觊觎已久。一天夜里，他身穿虎皮，化为猛虎，冲入太子的寝宫之内。宫女们被吓得魂飞魄散，四散奔逃。最后他抓住太子把他扔进了护城河。痛失爱子的皇帝万分悲痛，不得不另选太子，并且决意退位。受到狡诈的嫔妃的唆使，悲痛的皇帝选中了一个年轻而又蠢笨的皇子继承皇位。新皇登基不久，老皇帝便因悲痛而驾崩。虽然登上了皇位，愚笨的新王却丝毫没有感到大权在握的喜悦，认识到自己的无能，哀怨自己悲惨的命运："苍天啊！这可如何是好？"目睹这么一幕滑稽又凄惨的场景，观众们悲喜交集。最终，阴险的朝臣攫取了王位，整个国家顿时陷入了内忧外患的深渊中。

《日月奇观》

街头剃头匠
Itinerant Barbar

　　和很多国家一样，中国的汉人一直有蓄发的传统。清朝建立之后，汉人被迫剪发。清朝统治者保留了汉人的宗教和法律，但是要求臣服的汉人采用满族人的发式，剃光大部分头发，只在脑后留一条辫子。最初汉人引以为耻，内心非常愤慨，随着时光的流逝，往日的仇恨已经烟消云散，现在剃头已经成了人们的习惯。因此也涌现出了为数众多走街串巷的剃头匠。政府管理非常严格，很多剃头匠常常因为没有执照而遭受惩罚。

　　人们不能给自己修面，所以这些剃头匠不仅剃头，还为人修面。在广州，走街串巷的剃头匠有 7000 余人。他们拨弄着两片长长的铁片，利用铁片的撞击声招徕顾客。剃头匠长长的竹扁担一头挂着一个小箱子，箱子里盛放着剃头的工具，包括剃刀、刷子、按摩用品等，客人可以坐在箱子上剃头；担子另一头的箱子里盛放着水桶、脸盆、火炉等。剃头匠们技艺高超，手法娴熟，给人们带来干净、整洁的外表。剃刀很笨重，但他们使用起来得心应手。刀口钝了，只需在磨石上磨一下就行了。

　　与剃头相比，洗发按摩技术性更强。洗发可以加速血液循环，按摩可以舒筋活血。剃头师傅有众多的按摩工具。顾客坐在椅子上，剃头师傅轻轻敲打他的全身，拉伸他的四肢，偶尔猛地用力拽一下，让人感觉好像要脱臼。有时，剃头匠拉起顾客的一只胳膊，顾客头倒向一侧，关节噼啪作响。剃头匠继续敲打，还时不时地捏一下。接下来，剃头匠会拿出工具——刷子、耳勺、镊子和清洗器。清洗眼睛需要使用小点的工具。眼睛很娇嫩，需要小心翼翼，不过清洗完之后，大有裨益。常用的工具是一簇小绒球和一个带小钩的眼笔，把它们伸进眼皮内，迅速掠过眼球，这时客人的眼中会涌出大量的泪水。最后，剃头匠会为客人修理手指甲和脚趾甲。整个过程将近半个小时，费用却只要一个铜板。如果家中有长辈去世，遵从习俗，家人就要蓄须留发，这是官府特许的。

中国剃头匠
A Chinese Barbar

剃头匠在中国的经济生活中所扮演的角色很重要。前文已有相关论述，但还是要在此补充些内容，更正一下错误，好让大家更好地了解剃头匠——"中国的费加罗"[1]。除了那些挑着担子走街串巷的剃头匠，还有一部分剃头匠有自己的店铺。这种剃头匠在广州多达 2000 余人，他们的店铺是城内闲散人员散布流言蜚语的场所。

用惯了剃须刀的英国人第一次看剃头匠刮胡子会心惊胆战。他们的剃刀很简陋，刀刃长 2 寸、宽 1 寸，木质刀柄，就像缺少弹簧的折刀。如果用它刮过一次脸，你就会安心了。这种剃刀刮胡子既舒适又干净，你几乎感觉不到它的存在。除了刮胡子，剃头匠还有很多事要做。他解开客人的辫子，为客人梳头，然后重新把辫子编起来。剪去客人耳朵旁和鼻孔内的毛发。用小棉签为客人清理眼睛，然后为客人掏耳朵，清理耳垢和碎发。如果客人需要，他还会为客人修脚、剪指甲、挖鸡眼。一切妥当，最后再给客人洗头。在中国，剃头匠只为男人服务。人们会把流动的剃头匠请进家中，但却不允许他们靠近女眷居住的内宅。一般人家，母女、婆媳、姐妹、妯娌之间互相整理头发。贵妇人则由女仆专门伺候梳洗。

---

[1]《费加罗的婚礼》中的主人公费加罗便是理发师。——译者。

勤劳的中国女性
The stocking Maker

　　与其他东方国家一样，中国女性也是大门不出二门不迈。在中国，女性受尊重的程度远超乎西方旅行家的意料。虽说传统礼教，如"三从"——未嫁从父、既嫁从夫、夫死从子——束缚着她们，但在子女面前，她们享有极大的权威。即便贵为天子，还要恭敬地叩拜自己的母亲——皇太后。

　　在中国，虽说不可以随便进入女性的闺房，但也不像其他东方国家那么死板。在广州官员潘仕成[1]家里，法国公使约文曾以朋友的身份进入潘宅女眷的闺房。一些细节很有意思。女性的闺房面积虽然不大，装饰却很华丽。以潘仕成夫人的闺房为例："闺房之美，令人赞叹——桌椅、梳妆台以及其他家具均由贵重的木材精雕细琢而成，制作工艺高超。然而，那张轻纱笼罩的床却异常简朴，黄色草垫上铺着一张竹席，棉布床单上放着一条被子，让人很难相信这是一个高贵的妇人休息的卧房，反倒怀疑是一个尼姑苦修的禅房。"房间的女主人是最高贵精致的中国女性，相信读者会对她感兴趣。

　　李夫人是潘仕成的正室，出身高贵，父亲是朝廷重臣。她身材苗条纤细，婀娜多姿，宛如迎风摇曳的柳枝。她皮肤白净，面色红润，平易待人，令人如沐春风。她的两颗眼睛宛如黑色的珍珠，不时流露出些许哀怨，多数时候她都用手绢遮掩住双眼，偶尔才会偷偷地看看外面。李夫人幼年便养成了优雅的举止，优雅中流露出天真。坐在高大的黑色木榻上，她时不时扫一眼自己的双腿。穿着绣花鞋的脚从长裙下露了出来，脚脖子上戴着玉镯子。她玉手纤纤攀摘那玉兰花，低声细语宛若歌唱，好像一朵橘子花一般，令人忍不住想把她吞进肚子里。

　　这个忧郁的女人无心打扮。她身穿浅蓝色长袍，头上别着精致的头饰。如果她是画中人，便会失去很多魅力。在这栋公寓中，除了李夫人，还居住着12个不同年龄、环肥燕瘦的女人，她们全都是潘仕成的小妾。你无需通过华贵或简约的服饰来推断谁是正妻，谁是侧室。区别很明显，李夫人可以随意对她们发号施令。李夫人举止高雅，但有时会陷入幻想，也会勃然大怒。你不得不感慨，她真是个女强人！

---

[1] 潘仕成（1804—1873年），祖籍福建，世居广州，是晚清享誉朝野的官商巨富。——译者。

中国女性的才艺主要表现在音乐、丹青与女红上。她们演奏古筝、琵琶，在丝绸和宣纸上作画；也和欧洲的女性一样，在日用之物和小饰品上刺绣。男人身上佩戴的小袋子，如丝质扇套、装有烟斗和火石的烟袋、钱袋和表袋，都出自女人灵巧的双手，展现出了高超的技术和巧妙的设计。对上层社会的女性而言，女红能体现一个女性的素养，给她的生活锦上添花。对下层社会的女性来说，还是维持家庭生计的一种手段。在街头众多的手工作坊里，难以计数的下层妇女正勤勤恳恳地用自己的双手换取些钱财贴补家用。我们在英国看到的那些精美的黑绉纱便是由这些女性及她们的女儿们手工缝制而来。在此之前，还要经历纺纱、织造、染色、裁剪、刺绣等若干道工序，这一切同样也是由这些女性完成的。

在中国众多的山区内，同样生活着大批勤劳的女性。她们所用的纺车构造简单，祖辈世代流传，由一个卷线轴和手工操作的大纺轮组成。她们要做的是安置好卷线轴，摇动纺轮。英国的纺车与中国不同，圆形的纺锤替代了木质的纺轮。东印度公司图书馆内有一幅画，描绘的是布店内一个女孩和一个妇人劳动的场景。女孩在纺车旁纺线，身旁是卷线轴和一个篮子，篮子内盛放着线团。女孩的母亲正向一个手持长矛、背挎弓箭的男人展示布料。男人胳膊下夹着一捆布，显然已经逛过其他布店。为此，妇人就更需要卖力推销自己的产品了。还有一幅颇具英式田园风格的画作，画中的一个妇女正在织布，织布机旁边有一小盘糕点、一个茶壶和茶杯，茶杯下面还有一个小托盘。这位优雅的女士或许已经用过了茶点，或许正要小憩一下好享用茶点。夜幕降临，她点起了纤细的蜡烛，烛台并不是欧式的。在中国，纺织女工总是夜以继日地工作，十分辛苦。手工纺织机盛行的时候，这种场景在英国也随处可见，不过近十年来很难再看到了。

中国广大的劳动女性用自己灵巧的双手，奉献给世界凝结着她们汗水与智慧的众多优质商品。最为人所称道的是纯手工的丝织品和棉纺品。中国没有大型的企业与现代化的生产机器，与欧洲大型企业现代化机器生产出来的丝绸相比，这些纯手工生产的纺织品物美价廉。

斗鹌鹑的广州船夫
Canton Bargemen Fighting Quails

每个国家或多或少都有些恶习，即便是最优雅最高尚的国家也不例外，伦敦与巴黎也是如此。在这些大城市中，赌博是贵族阶级的特权。然而在中国，赌博却盛行于广大平民百姓之间。每年在赛马、斗鸡和赌桌上，中国人不知要浪费掉多少财富，又有多少个高贵、富有的家庭因之而没落，以致破产饱受贫困之苦。在巴黎，有很多人因为赌博自杀。在伦敦，也有很多贵族家庭因为赌博丧尽家财。长久以来，法律既不提倡也不制止这种恶习。正是执法者的谨小慎微与不作为，才导致赌博泛滥成灾。

英国集市上和赛马场上的投机与诈骗行为随处可见，中国也是如此。珠江上，只要一有闲工夫，强壮的船夫们便开始赌钱。赌桌旁还有辛苦了一天的买卖人，他们借此寻求刺激，忘却烦恼。生活在这样的社会环境里，孩子们多少也沾染上这一恶习。有些水果小贩通过抽签或者掷骰子售卖水果，他们让顾客挑选水果下注，然后让顾客摇骰子来赢得水果，如果顾客赢了，便可以把钱和水果都拿走。这里还流行抽奖换取相应礼品这一赌博方式。赌博危害甚大，有些输红了眼的赌徒甚至会把自己的妻儿当作最后的赌注押上赌桌。

常见的赌具有西洋骨牌、骰子和纸牌，有时人们还会赌棋。中国人更喜欢玩牌，纸牌长约3英寸，宽1英寸，上面有红色或黑色的点数。盛行不衰的赌棋游戏饱含悬念，胜出者往往是那些记忆力超群的人，而不是那些洞察力强的人。很多人不喜欢赌棋这种游戏，因为它太耗费时间了。不过，中国人非常执着，一旦选择这项游戏，很快便会成为优秀的玩家。

还有一种叫作"击鼓传花"的赌博游戏。鼓点响起来，花束便开始在玩家手中传递；鼓声一旦停止，手持花束的那个人便要罚酒一杯，或者罚一轮的酒钱。不过在下层社会中，流传最广泛的是猜拳："两个人相对而坐，同时出拳，喊出两人伸出的手指数之和，猜对者便是赢家。拳头不算数，大拇指算是1，两个指头算是2，以此类推。猜拳者知道自己出几个手指，因此，关键在于猜出对方出几个手指。"西瑟罗在书中曾经提起过这项游戏："玩家迅速出拳，随便出几个指头都可以，他必须要猜中两个人总共伸出几个手指头，猜对者便赢得比赛。赌博需要玩家视力良好，还需要

斗鹌鹑的广州船夫

玩家足够自信。"罗马人中间便盛行这种游戏，他们称之为"莫拉"。台伯河[1]沿岸的老百姓也非常喜欢这个游戏。

另外，还有一些其他的游戏和赌博形式，如斗鸡，它可能来源于马来半岛。官员们比较喜欢这种娱乐方式。类似的还有斗鹌鹑、斗蟋蟀等。有人以训练鹌鹑为业，这项毫无益处的游戏吸引了为数众多的观众，他们如痴如狂，异常兴奋。在比赛中，双方会拼个你死我活，直到对方投降为止。那些得胜的鹌鹑，往往会吸引多人竞相抢购，最终价高者得。中国人甚至还会训练昆虫，如蟋蟀来赌博。蟋蟀天性好斗，把两只蟋蟀放在一个罐子里，用草茎撩拨，激发它们的斗志，它们便会撕咬起来。而一旁兴致勃勃的观众则纷纷下注。如此一来，组织者便可以获取丰厚的回报。

可怜的昆虫，当被我们踩在脚下的时候，
它们感受到的痛楚
又何异于我们人类呢？

---

[1] 意大利一条长河。——译者。

农业

茶文化
The Culture and Preparation of Tea

　　欧洲的植物学家无法区分茶树的种类。茶树和山茶在外表上极为相似，只是茶树的花和果实要小得多，现在通常将二者混为一谈。生活在其他国度的人们知不知道这种生长在亚洲的植物？是否存在另外一个地方，气候和土壤都适宜茶叶的生长呢？人们对上面的问题，一直很疑惑。可以肯定的是，远古时期，中国一些中部省份就已经开始种植茶树这种经济作物了。

　　中国的茶叶主产区有两处，江苏省内那一片宽阔的产茶带，主要出产绿茶。湖南和福建两省交界处纬度更低的那片山区，则主要出产红茶。这并不是说只有这几个省份出产茶叶，其他地方都无法种植茶树。我们也不能得出结论说只有高纬度地区适合种植绿茶，一旦移植到低纬度地区，绿茶便无法存活。不过我们发现，和某些文明古国的特殊产业一样，茶叶的生产同样局限在特定的区域，很少发生变化。那些与蒙古交界的北方地区出产的茶叶，主要在中国境内销售；而绿茶和红茶则被储存起来，大量销往欧洲和美洲。

　　广州商人最早开始从事对外茶叶贸易。他们给红茶起了各式各样的名字，诸如武夷茶、大红袍等。皇家御用的贡品茶是毛尖。皇帝的茶杯与普通百姓也不一样。御用的茶杯内都含有一个打孔的银盘，往杯内注水的话，银盘会阻挡茶叶上浮，以免饮茶的时候喝到叶片。另外，他们的茶托是由贵重的金属制作而成。对大多数欧洲商人来说，不同品种的茶叶价值不一。关东人把茶叶称为"一种精选自山区的特殊的蕨类植物"。很多欧洲的商人发现，鄱阳湖边的南昌出产一种类似的蕨类植物，把它放入水中浸泡一段时间，会得到一种可口的饮料。我们猜测，中国人曾经以山茶冒充茶叶，也曾经将上面所说的蕨类植物与茶叶按照一定比例混合，装箱卖给欧洲人。日本人在茶叶中掺加了一些洋橄榄叶，使得茶叶的芳香更为醇厚，这种做法并没有影响他们的商业信誉，也不像其他掺假行为那样为人所指责。但是广州在开展对外茶叶贸易伊始，中国商人便屡屡以次充好，缺斤短两，极大地影响了中国商人的信誉。

　　更令人惊奇的是，中国人最初用茶叶来预防麻风病，这一点和北欧人提纯并饮用烈性酒倒很类似。早期居住在这些地区的人们，愚昧无知并且都很迷信，因此他们的做法也别无二致。现在，麻风病发病率大大降低了，人们喝茶不再是为了预防麻风病，

茶农与茶商

而是更为注重其另外的价值。现在，人们把茶叶当作性情温和的兴奋剂，饮用之后，人们会精神兴奋，情绪高昂，这和摄取小剂量的其他药物功效是一样的。茶叶可以使人神清气爽，尽管经过种种实验，人们目前仍然没有发现这一现象的化学原理。说到提神醒脑的功效，绿茶要强于红茶。在所有的麻醉剂中，茶叶效果最不明显。

茶叶具有极高的药用价值，可以止血、补血，还可以促进肠胃蠕动、帮助消化。同时，还具有利尿和发汗的功效，但是使用时要严格把控，保证用量适度。米尔恩说，在中国，茶叶主要供家庭和店铺消费。店铺的柜台和茶几上摆放着精美的茶壶，茶壶周围环绕着一堆茶杯，壶中灌满了茶水，以供客人口渴时饮用。雨水最适合泡茶，因此，很多富贵人家都会在院外或者屋檐下放上几口大缸，专门用来收集"无根之水"。中国人不喜欢喝浓茶，特别是浓红茶，不过浓绿茶是个例外。他们喝茶的时候不加糖，也不加牛奶。

在中国，随处可以见到茶园。美丽富饶的九曲溪位于福建省内，是中国产茶的一处圣地，同时也是主要的茶叶集散地，茶叶由此源源不断地运往广州等地。此地的山岭和河谷非常适宜茶树生长，每一株茶树苗都是精挑细选。因此，欧洲人在此地选茶的时候，总是格外谨慎、细心，以确保收购到高品质的茶叶。

经验告诉茶农，播种时仅仅在小坑内撒下一颗种子远远不够，为了避免风险，他们往往会撒下好几粒种子。茶苗刚刚发芽的时候，需要精心地照料，要提防害虫，防范大风。茶场要远离溪流，但周边必须要有人工沟渠，保证可以及时灌溉到每一寸土壤。茶叶是最重要的产品，人们想尽办法，采取种种措施来保证茶叶的成熟。茶树生长不足3年，高不到4尺，均不允许采摘，此时正是茶树苗积攒养分迅速成长的关键时刻。到了第3年，便可以采摘茶叶了，不过务必讲究采摘方法。嫩芽泡出来的茶的味道最好，因此要及早采摘。但过于急躁与轻率，又可能影响到将来的收成，所以茶树一定要满3岁，且足够强壮时，方可采摘。第一茬嫩芽带着茸毛，可以制成上等的白毫；再过几天，茸毛脱落，叶片开始舒展，可以制成黑叶白毫。同一株茶树上，某些嫩枝上的叶片饱满，成色上佳，可以制成小种（红茶的一种）；品质差一点的可以制成炼焙，光泽暗淡可以制成功夫红茶，最次等的则制成武夷茶。

茶树成行种植，每隔5尺一株，中间的沟渠要经常除草杀虫。茶树不能长太高，要定期修剪，这样才方便采摘。等到第8个年头，茶树无法长出优质的茶叶，便要被砍掉，种上新的茶树苗。茶花是白色的，就像日常生活中的月季一样，花落之后，

茶叶装船

茶树上会结出绿色的软软的浆果或者荚果，每一个荚果内都有白色的种子，一颗到三颗不等。每年 3 月份，是采茶的最佳时节，这个时候的茶叶质量最好。采摘前，茶农们要做大量特殊的准备工作。采摘前几个星期，采茶的茶农便只能吃清淡的食物，以保证身体和口气清新，采摘时还要戴上散发着香味的皮手套。茶农们一片一片地采摘茶叶，熟能生巧，一个经验丰富的茶农一天便可以采摘 12 磅茶叶。4 月是茶叶收获的第二季，这个时候的茶叶成色不如第一季好，采摘起来，也不用像第一批那样做太多的准备工作，但是茶农们仍然可以从中挑选出一批上等的茶叶，冒充第一季的茶叶出售。5 月、6 月或者再晚些时，茶叶质量自然就更差。第一季茶叶叶片纤细小巧，色泽柔和淡雅，气味芬芳扑鼻，几乎没有茶梗，也几乎感觉不到苦涩；第二季茶叶呈暗绿色；接下来几次的茶叶变成了深绿色，叶片的纹理更加粗糙。茶树的年龄、周边的环境、生长的土壤以及茶农的技巧都会对成品茶叶的质量产生影响。

茶农把茶叶采摘下来，放进又宽又浅的篮子里，在室内晾上几个小时。然后他们把茶叶放进深一些的篮子里，送入加工室。所有的茶园都建有自己的加工室，茶园主或者工人把茶叶烘干。烘干房里整理地排列着一排炉子，炉子上架着薄薄的铁盆、滚烫的炉缸。他们把炉缸加热，待到扔进去一片茶叶后，可以听到哔哔噗噗的声响时，就可以开始烘干作业了。把茶叶倒进炉缸，用大刷子快速翻炒，使茶叶受热均匀，以免烧焦。茶叶甫一卷曲，就把它们倒出来，平摊在桌子上，桌上要事先铺好纸张或者其他质地柔软的材料。等候在桌旁的工人马上开始用手揉搓茶叶，一旁还会有工人扇动大扇子，使茶叶迅速降温，这样茶叶才会卷曲得更厉害。如此重复两到三遍，直到茶商们满意，认为茶叶已经凉透，并且卷曲适中。后两季采摘的茶叶叶片纤维比较粗，口感比较苦，在翻炒前需要用开水烫一下，如果技术娴熟，处理得当，会极大地提升这批茶叶的品质。未来的几个月里，茶农还要把这些烘干的茶叶装入篮子里，放在室内储存，然后稍微烘干一下便可以送往市场销售。

茶农和茶商的区别很明显：茶农把不同品质的茶叶区分开来，按照相应的方式进行精心地处理；而茶商并不在茶园内劳动，而是守在加工室里，或最为方便的市场内。他们把收购的茶叶运进自己的工厂内，分类处理，然后按照不同的比例混合，以满足各个阶层的人群的需求。我们可以说，茶农是"分离器"，茶商是"集中器"。经历了种植、栽培、采集、烘干、分离、混合等流程之后，人们把茶叶装箱、压实，搬到船上去，从钱塘江及其他产茶区运送到广州和澳门。

弹棉花
Cleaning Cotton

　　播种棉花种子之前，农民们先用铁耙深耕一遍土地。播下棉种之后，他们还要再翻一遍土地。一场细雨之后，棉种破土而出，开始茁壮成长，大约能长到 2 英尺高。棉花一般在 8 月份开花，花朵通常是黄色的，有些接近红色。开花后 40 天左右，坚果大小的棉桃开始绽开，吐出洁白的、类似于蚕茧的棉球。

　　来年播种的棉籽紧紧地包裹在棉花的纤维里，需要将它们分开。这种机器有两个长 1 英尺、厚 1 英寸的圆筒，一般一个木制，一个铁制，也可能两个都是木制的。两个圆筒距离很近，除了棉花纤维不容任何杂物通过。工人踩动脚下的轮子，驱动机器运转，棉球被放入圆筒的一端，转动的圆筒卷起棉球上的纤维。这些纤维从圆筒的另一端喷出，棉籽就被分离了出来，落入下面的容器内。

　　分离出棉籽以后，还需要解决棉纤维打结这一问题，清除上面的泥土和灰尘。工人左手持弓，这把弓弹性十足，弓上还带着弹簧，他把弓放在摊平铺开的棉花上。还有一根弹簧把弓和一根竹竿紧紧地拴在了一起，这根竹竿绑在工人身上，高过工人的头顶。工人右手持木槌，敲打弹簧，弹簧急速弹起，引发持续不断的震动，从而使得棉花分散、蓬松。在这个过程中，产生了大量白色的棉束，从而避免扯断和损坏棉纤维。这么一番处理之后，便可以把棉花交给纺织工人了。

　　古代中国，不论男女老幼，都会参与到棉花生产中去。马可·波罗曾经说过，南京的棉花纤维丰富多彩，并且每一种颜色都是天然的，而不是人工后期染上去的。

　　人们熟悉棉花种植的种种技巧，再加上恰当的时令、适宜的土壤与气候，因此中国的棉花种植业非常发达。在中国，棉花得到了最大程度的利用。除了使用棉花纤维，他们还用棉籽榨油，用棉籽壳做肥料，棉花的根茎做柴烧，用棉花叶子喂牲口。

　　在中国和大多数东方国家，纺织业在国家经济中至关重要。为了增强国家的竞争力，他们仿照蜘蛛织网，织出来的布轻柔细软，达到了极高的工艺水准。

宁波棉花种植
Cotton Plantations at Ning-po

　　宁波一带风光秀丽，商业繁荣，一度是中国对外贸易的中心。宁波是浙江最为富裕的地区，当地人很早就开始利用宁波的优势，种植起了棉花。早在 3000 年前，印度人便开始种植棉花，之后逐渐传播到其他地区。棉纺织品制成的衣物非常适合印度当地的气候，如同埃及随处可见的亚麻一样。印度人大面积种植棉花。

　　中国自元明起便开始大面积种植棉花，棉布也成为制作衣物的主要面料。棉花适宜在肥沃潮湿的土壤中生长，干旱的时候需要及时灌溉。大面积的棉田需要精心照料和一些种植技术，需要三次深耕土壤，使用充足的肥料，棉种要一粒一粒地播撒，然后排成整齐的一列。人们用锄头或者铁锹把两列之间的空隙挖成垄，棉花长到 12 英寸时，顶端就会垂下来。狄康多尔曾经列举了 13 种棉花，除了博学多识的专业学者，恐怕没人会对这些感兴趣。棉商把棉花分为两种：黑籽棉和绿籽棉。工人通过一种简单的机器，便可以从黑籽棉中取出松软的棉花。这种机器有两个卷轴，卷轴距离很近，旋转时几乎可以触碰到，手臂便可以完成操作。绿籽棉脱棉则要困难一些，需要借助动力强大的机器。在中国，这两种棉花都很常见，黑籽棉粗糙，没有颜色。绿籽棉棉花呈淡黄色，主要产地在江南。绿籽棉质量上乘，著名的本色棉花便是由绿籽棉纺织出来的。虽然人们试图把它引入其他省份，但总是以失败告终。这严重影响了南京地区棉花的声誉。

　　棉花的原产地不是中国，去除棉花籽和清洁棉花的方式与技术也并非中国所特有。上面提到的机器，在早期，印度曾经广泛使用。用于防止棉花打结并剥离棉花的弹性弓也是起源于印度。英格兰的鞋帽匠也使用这种工具，把柔软的兽毛压入那细细的空隙内。

宁波棉花种植

水稻种植
Sowing Rice at Soo-chow-foo

　　水稻生长在泥泞的水田里。在东方国家，正是因为广泛种植了水稻，才得以养活众多的人口。毫无疑问，大面积种植水稻，改良了当地的土壤，不然，中国和印度的广大地区至今仍会是一片荒凉。如果有人要研究水稻的重要作用，那么结论就是水稻作为"哺育生命的物种"，它的广泛种植对众多国家产生了深远的影响。

　　水稻是众多东方国家最主要的食物。它是中国人饮食中的必需品，中国人总是以水稻为主食。他们所说的"饭"，指的就是煮熟的稻米。"吃饭"就是吃米饭，"早饭"、"晚饭"也是指米饭。虽然中国人承认稻米营养不如小麦丰富，但他们仍然认为稻米更清淡、更健康。稻米缺乏粘性，做不出香甜可口的面包，但可以用来制作甜点，以及各种可供烹调的食品。水稻生长周期短，价格便宜，因此成为了普通老百姓日常生活中的主食。据说，四分之一磅重的稻米就能煮出来一磅热腾腾的大米饭。

　　虽说水稻容易种植，用途又很广泛，但种植过程却丝毫也不能疏忽，轻微的疏忽就可能导致难以挽回的损失。中国人口众多，土地集中在少数权贵手中，农民大多是佃户。无论年景如何，权贵们租子照收不误。一旦遭遇歉收的年份，广大的农民们可就惨了。这个国家常常发生灾荒，原因就在于水稻收成不好。秧苗刚刚插下，一场大旱就会使水田干涸，秧苗枯萎；秧苗长大后，持续的雨水导致内涝，水稻根部便有可能腐烂；另外，鸟、蝗虫等也会不时光顾稻田。还好中国北方主要种植小麦与小米，农作物的多样性一定程度上降低了饥荒产生的概率。欧洲人建议中国农民引进马铃薯，作为水稻和小麦的后备农作物，以避免周期性的食品短缺。为了防备饥荒，皇帝平时也会囤积大量的粮食，一旦发生饥荒，便会低价出售这些粮食。这种机制长期以来一直存在，这也是封建专制政府的一项义务，以显示皇帝爱民如子。不过事实上，由于中国这个大家庭人口实在太多了，这种机制很难有效地运行。饥荒发生时，基层官员仍然会敲诈勒索，以种种令人不齿的手段克扣皇帝下令发放的救济粮，使得饥贫交迫的百姓痛苦地死去。

　　中国种植水稻的历史悠久，对水稻的需求也十分迫切。朴实而勤劳的农民们熟悉水稻的习性，执着于培养更高产的水稻品种。中国灌溉技术高超，耕种方式特别，这些都广为世人所知。

水稻种植

插秧
Transplanting Rice

　　稻田是水田，田埂一般不高于 2 英尺。耕地用的犁由犁辕、犁柄和犁刀构成，没有犁壁，非常原始。农民用水牛拉犁翻耕田地，然后用水牛拉着三角耙把土块弄碎，以利于种子生根发芽。播种之后，田里要马上灌上浅浅的一层水，这样既可以防止鸟虫偷吃稻种，又可以促进种子发芽。几天后，待到秧苗露出了水面，便可以移植了。农民先把秧苗连根拔起，切掉秧苗顶部的叶子，一棵棵插入水田中。插秧的时候，需要犁出深沟或者用打洞器打洞。经验丰富的农民插起秧来速度很快，1 分钟能插 100余株秧苗。农民们先用耙子打碎土块、平整土地，然后将秧苗均匀地插入田里，还会用锄头疏松秧苗间的土壤。

　　稻田被分成许多小块，通过环绕稻田四周的犁垄上的开口，人们可以很方便地将河水引入每一块稻田内。有些稻田位于河流边，但仍然需要农民引水灌溉。吊桶和水车是常见的引水工具。农民将一堆平木板紧紧地插在河道上，将水困在两块木板之间，制成临时的吊桶。不过，更辛苦的工作是灌溉稻田。两个人面对面站在田里，紧紧抓住捆在吊桶上的绳子，他们一松手，吊桶就会落下，拉紧绳子，吊桶则会升起来。他们有技巧地猛拉绳子，水桶里的水便会全部落在水田里，或者落入沟渠里，然后顺着引流渠流入水田内。还有一种灌溉用的设备，人们把一根长棍子分成长度不等的几段，绕在一个卷轴上转动。一旦水流注入，由于重力的原因，一端会被抬起来，从而将水导入蓄水池。当大量用水时，人们会使用水车。中国人很早之前便开始使用水车，埃及人、叙利亚人和波斯人都曾向中国人学习，采用了水车这一发明。无知的英国机械师误以为波斯人发明了水车，因此称之为波斯水车。

　　由于灌溉及时，水稻长势喜人，茎高 1 到 6 英尺，圆形、有结。水稻叶片尖长，既大又硬。长长的鞘从叶片内长出来，呈椭圆形，上面有精细的条纹。水稻的花与燕麦花相似。白色的种子大小不一，形状也不同，呈椭圆形。水稻成熟后，农民会关掉水闸，排干田里的水，以便稻穗快速变黄。收割后，放在田内晾晒。待到稻穗干燥之后，农民把水稻运回家里，挂在竹竿上脱粒。

　　无论是正在生长的稻苗，还是已经脱粒的稻种，东方国家都称之为"稻谷"。中国人不擅长脱粒，但这对西方发达国家来说却很容易。埃及人依靠牛拉动石磨来脱壳，中国人则借助水力推动石磨来脱壳。

　　五六月是收割第一茬水稻的时候，之后农民便开始再次播种。他们拔掉田地里的稻茬，收集起来，一把火烧掉，然后把余下的灰烬撒入田里。第二茬水稻在 10 月或11 月成熟，然后又是新一轮的收割、搬运、脱粒。这次，农民不会再烧掉稻茬了，而是用犁翻地，任其自然分解，化作来年春耕的肥料。

插秧

春蚕做茧
Feeding Silkworms and Sorting the Cocoons

人们普遍猜测，中国人就是古代历史中经常出现的赛来斯人，因为他们同处在东方，丝绸也正是由此传入西方。罗马人将这个国家命名为赛里古姆，或者叫赛利卡、赛林达。然而，这种猜测并不准确。有证据证明那些传入罗马的少量丝织品来自波斯，并非中国。中国人也不会派遣使团到奥古斯都那儿，寻求与罗马建交。如果真是如此，只能说是一个意外。中华民族历史上从来没有主动屈尊寻找外国盟友，这有违他们的基本原则，他们也禁止国人与外国人交往，不允许本国人民移民海外。奥古斯都去世100年之后，作家弗劳若斯提到这个外国使团，这也是目前唯一的记载，与奥古斯都同时的历史学家却丝毫没有提及这一历史事件。因此，我们猜测，或许根本就没有这么一个使团。此外，还有证据表明中国人从来没有与罗马人进行过贸易与谈判，罗马人根本就不知道中国人的存在。学识渊博的古代地理学者认为，赛瑞卡指的是中国北方的蒙古草原，并不是中原。此地居民擅长射箭，这也正是蒙古人民的长项，他们可不会制作和加工丝绸。

中国人历来把丝绸的产生归功于黄帝的妻子。历史记载，商人把中国的蚕茧运到波斯和腓尼基，这比东罗马帝国开始养蚕还要早上几个世纪。

丝绸从汉朝开始逐渐流行于中国上层社会。四川、江西、浙江等地适合桑树生长，其中浙江养蚕最多，制作出来的丝绸也最精美，价格也最昂贵，在广州的交易市场上，价格是其他地方的两倍。

人们种植桑树，是为了获取嫩桑叶。当桑树长到一定高度的时候，他们会把主枝砍断，以便长出新枝，收获更多新鲜的嫩桑叶，这些桑叶营养更丰富，蚕吞食后，吐出来的丝更细。桑树生长需要合适的土壤，在田床或者是田埂上，一株株大约1英尺高的桑树呈梅花形排列，树与树之间的距离适中。主人需要精心地照料它们，预防病虫害，还要适时剪枝。在适宜的温度下，针尖大小的蚕卵孵化出一条黑色的幼虫。幼虫不断长大，身上的颜色变为灰白中带着点黄色，之后它便不再进食。整个过程约30天。成年的蚕会找一片桑叶安顿下来，然后开始吐丝作茧，第二天蚕便被包裹在蚕茧中，完全看不见了。10余天后，蚕吐尽了蚕丝，蚕茧也最终形成。几天之后，它便可破茧而出，化为飞蛾。但人们养蚕是为了蚕丝，所以不等蚕破茧而出，他们便把蚕茧放入热水中，取丝纺锭，做成丝绸。只保留少数蚕茧作为蚕种。

养蚕的时候，需要保证四周安静、温度适宜，一声狗叫、一阵大笑都有可能吓到幼蚕。

春蚕做茧

染丝
Dyeing and Winding Silk

缫丝之后便可以得到蚕丝，这个时候养蚕工作也便结束了。养蚕周期短，比如，法国只需要 6 周的时间。如果一个人想要做生意，但没有公司，没有联盟，也没有合作伙伴，那么养蚕和制造丝制品会是一个不错的选择，因为这门生意投入少、见效快。妇女们花费了很多时间和精力在养蚕上，她们既要种桑养蚕，还要取茧缫丝。有时候，父亲会从外面买来蚕茧，女儿们负责缫丝，这样可以免去养蚕这个步骤。在中国，有一些蚕场和作坊主要经营外贸出口生意。然而，一般而言，这些丝织品多是供家庭自用。中国人不喜欢外国人，他们不关心对外贸易。

随着时间的推移，在宗教活动的推动下，中国与国外的交流和通信越来越多，中国人也逐渐开始意识到"交流"的重要意义。中国开始与外国进行大规模的产品交换，世界各地的人们各取所需，生活越来越幸福。

一组带走廊的房屋，房屋边是一两英尺深的水池，这便是进行蚕丝清洗和加工等工序的地方。蚕丝是从蚕场或者养蚕人那儿收购而来。妇女们在这儿缫丝，工作不算十分辛苦。缫丝结束之后，蚕丝还要进行清洗、染色和漂白等工序。

任何一道工序出现差错都会影响蚕丝的质量，如浸泡蚕茧的水质不纯、缫丝时丝线收缩。另外，一些人为的因素，比如染丝时耍滑头，也会降低蚕丝的质量。清洗掉蚕丝的杂质后，把蚕丝绕成丝锭，挤干水分，然后挂在竹制的漂杆上，整个过程必须精确。蚕丝具有很强的吸水性，染丝时如果染匠耍滑头，丝锭里残留水分，那么整个重量会增加 10%。在别的国家，买主可以从中抽取一些样品，放在 78 华氏度（25 摄氏度）的火炉旁烘烤，一段时间之后如果丝锭分量减轻，那么可以肯定有人动了手脚。

欧洲人，确切地说是英国人，把蚕丝分为三类：第一类蚕丝质量最好，也最精致；第二类蚕丝稍微差一些；第三类蚕丝则不紧致，容易断开，加工方法和棉布相同。这三种都是手工丝，都经过水煮这一过程，以去除丝中的杂质，手感顺滑，方便染色。各个国家的纱线颜色有着细微的不同。英属印度的蚕丝有黄色、法国白、浅黄褐色三种颜色，中国蚕丝通常呈黄色，西西里和波斯的蚕丝也是黄色。唯一一种白色的蚕丝产自巴勒斯坦，当地的工匠用一种植物灰来漂白纱线，从而获得白色的蚕丝。不过这种纱线很少，当地出口的绝大多数蚕丝仍然是原本明亮的黄色。

染丝

煮茧缫丝
Destroying Chrysalides, and Winding off Cocoons

　　丝织品起源于中国。中国人认为，远古时期，黄帝带领男人耕地，他的妻子带领女人种桑养蚕。在一本主要讲述"男耕女织"的皇家书籍里，详细地记载了中国的稻米文化，从耕地开始，以谷物加工结束。此外还详细介绍了种桑养蚕的过程。中国人很务实，为了吃饱穿暖，他们想尽了种种办法。如果有那么一种既简单又高效的办法，可以生产更多更好的产品，肯定会风靡全国，发明人也会赢得所有人的尊重。

　　中国人很会做衣服，准确地讲，他们会用丝绸做衣服。蚕吐丝，桑叶则是蚕的食物。他们要种桑苗，照顾桑树，采摘桑叶，一个步骤接着一个步骤，不厌其烦。四川、湖广、江西、浙江等地都适合桑树成长，但四川、浙江这两处的蚕种更好，蚕丝的质量也更高。汉文帝时期，人们普遍穿棉布衣物，不过丝织品也逐渐开始流行。现今，富贵人家都是穿丝绸的衣物了。浙江、江苏两地的丝绸最昂贵，是其他地方的两倍。比起印度、土耳其、意大利等国生产的丝绸，江浙两地的丝绸更受英国商人的喜爱。

　　人们种植桑树的最终目的是收集尽可能多的嫩桑叶，他们不要桑葚，因此会严格控制桑树的高度和年龄。他们会砍断主枝，并且时常修剪枝条。新枝上的桑叶更加鲜嫩，营养含量也更高。桑树种类繁多，其中两种最为有名：一种是黑桑，它原生长于意大利，在英国的长势也很好；另一种是中国本土的白桑。这两种桑树在波斯都能看到。美国盛产一种红桑，它的材质上佳，深受人们喜爱，经常用来造船。

　　人们翻耕土壤，施以草木灰和河泥，保持土壤的湿润和肥沃，然后堆积出约1英尺深的土壤床，每隔一定的距离，种上一棵桑树，呈梅花形分布。桑树之间的间距要适中，各垄之间还挖有水沟，以方便灌溉。在桑树之间的空地上，人们会种上些水稻、稷或豆类，从而充分利用土地。

　　中国是世界上最早开始养蚕的国家。蚕卵大约针头大小，饲养在温暖的地方，然后变成黑色的幼虫。经过三四次蜕皮之后，幼虫才能长大，此时它变成了白色，身上还有蓝色或黄色的斑点。这个时候，蚕不再进食，开始吐丝。它分泌出一种黏性物质，可以粘在物体表面。第二天，丝线缠绕，最后形成椭圆的蚕茧。蚕裹在茧中，既可以防御天敌，还可以预防恶劣的天气。待到第三天，蚕便完全被包裹在蚕茧中了。

　　十天之后，吐丝结束，储存的食物也消耗殆尽，因此，蚕便要冲出蚕茧了。一段

时间之后，裹在蚕茧中的蚕冲破蚕茧的束缚，一个新的生命诞生了。它有胸足、触角及翅膀，看上去非常漂亮。在这期间，除非是收集蚕种，人们不会划破蚕茧。人们小心翼翼地打开蚕茧，把蚕蛾放在柔软的布上，等待它们产卵。

养蚕时，必须要防止噪音，也要避免温度过低。突如其来的吼声、狗叫声、大笑声都有可能毁掉整盘蚕蛹，雷雨天蚕蛹也会死亡。为了避免人闯入养蚕室，养蚕的小屋往往建在偏僻的地方。欧洲的温度不适于养蚕。蚕蛹保存的最佳温度是 55 华氏度（13 摄氏度），气温升高会加速蚕蛹的孵化。如果此时桑叶还没有成熟，那么情况会很麻烦。从 10 月 1 日到 12 月 1 日，温度计显示，那些养蚕的省份日出时分的平均气温是 55 华氏度，中午则是 65 华氏度（18 摄氏度）。即便季节变迁，这些地方温度也很少会超过 85 华氏度（29 摄氏度），而这正是蚕能够安全生长的极限温度。很明显，这些地方适合蚕生长，蚕孵化的速度和桑树的生长同步。

刑罚

衙役和囚犯
Policeman and Prisoner

维护治安、惩治犯罪是警察的职责，所有国家都是如此。在中国，大量的衙役从事这一工作。

北京治安监管十分严格。在街头巡视的衙役们挎着剑，手持鞭子，时刻准备抽打那些不法之徒。他们还负责街道卫生，有时候还要自己动手清理街道。法律禁止百姓夜间无故外出，除非家中有病人要请医生等紧急情况，外出时必须手提灯笼。衙役们夜间需要四下里巡视。

和英国的警察一样，广州的衙役也有分工，职责类似于负责治安的片警、负责抓小偷的刑警、负责看管犯人的狱警。很多地方还有负责夜间巡视的衙役。广州夜间街道上实行宵禁，他们还负责防火防盗。城中建有瞭望塔，一旦发生火灾与盗窃案件，他们就利用一种特制的竹筒发出警报，消息很快便会传遍全城。衙役们处理轻微的犯罪案件，从抓捕、审判、执行判罚到释放整个流程往往只用一个小时。一旦有人聚众闹事，衙役们便用棍棒与皮鞭伺候。

地方官出行的时候，衙役们还要负责开道，驱散行人。人们可以通过跟在后面的锣手敲击的锣声来判断官员的级别和官职。地方官坐在轿中，仆人们拿着伞和烟斗等物品，师爷紧随其后。如果路人不愿意或者没来得及让道，衙役们便会把他们痛打一顿，然后扔出去。

衙役和囚犯 [1]

---

[1] 上图出自英国人乔治·亨利·梅森（George Henry Mason）编著的《中国刑罚》（1804 年）一书，由广州外销画家蒲呱（Pu Qua）绘制。——译者。

审讯犯人
Examination of a Prisoner

中国人一向安分守己，不爱招惹是非，但仍有一些不逞之徒干些违法乱纪的勾当。对待这些坏人，中国的刑罚极其严厉和残酷。地方行政长官同时也是法官，负责审判犯人。令欧洲人大吃一惊的是，中国的公堂之上放置着一面鼓，含冤待雪之人可以击鼓鸣冤。犯人一经抓获，官员马上升堂断案，没有拖延。

断案的过程非常简单。犯人跪在堂下，一旁是负责抓捕的捕快，另一旁是手持刑具的衙役，地方官坐在公堂正中，旁边是负责记录的文书，公堂之上没有陪审团和辩护人。地方官听取完证人的证词，随即宣判。如果判处杖刑，便立即执行，官员把桌角圆筒里的火签掷到地上，火签上写着具体的数目。如果判处死刑，犯人便会被押赴刑场。如果判处流放，犯人便会被暂时押回监狱。很少有嫌疑人无罪获释，除非有证人可以证明他的清白，否则，他就会一直遭受皮肉之苦，直到招供为止。

广州一共有四座监狱，监狱内人满为患。中国人也称监狱为"地狱"。虽说近年监狱条件有所改善，但仍然令人胆寒。目击者说，监狱就像茅草屋一般，院墙内肮脏的房子好似猴子的洞穴，双层竹制的栏杆异常结实。牢房内，一些犯人惨遭严刑拷打，周身溃烂，饥肠辘辘；身边瘦毙的犯人尸体已经腐烂，场面惨不忍睹。

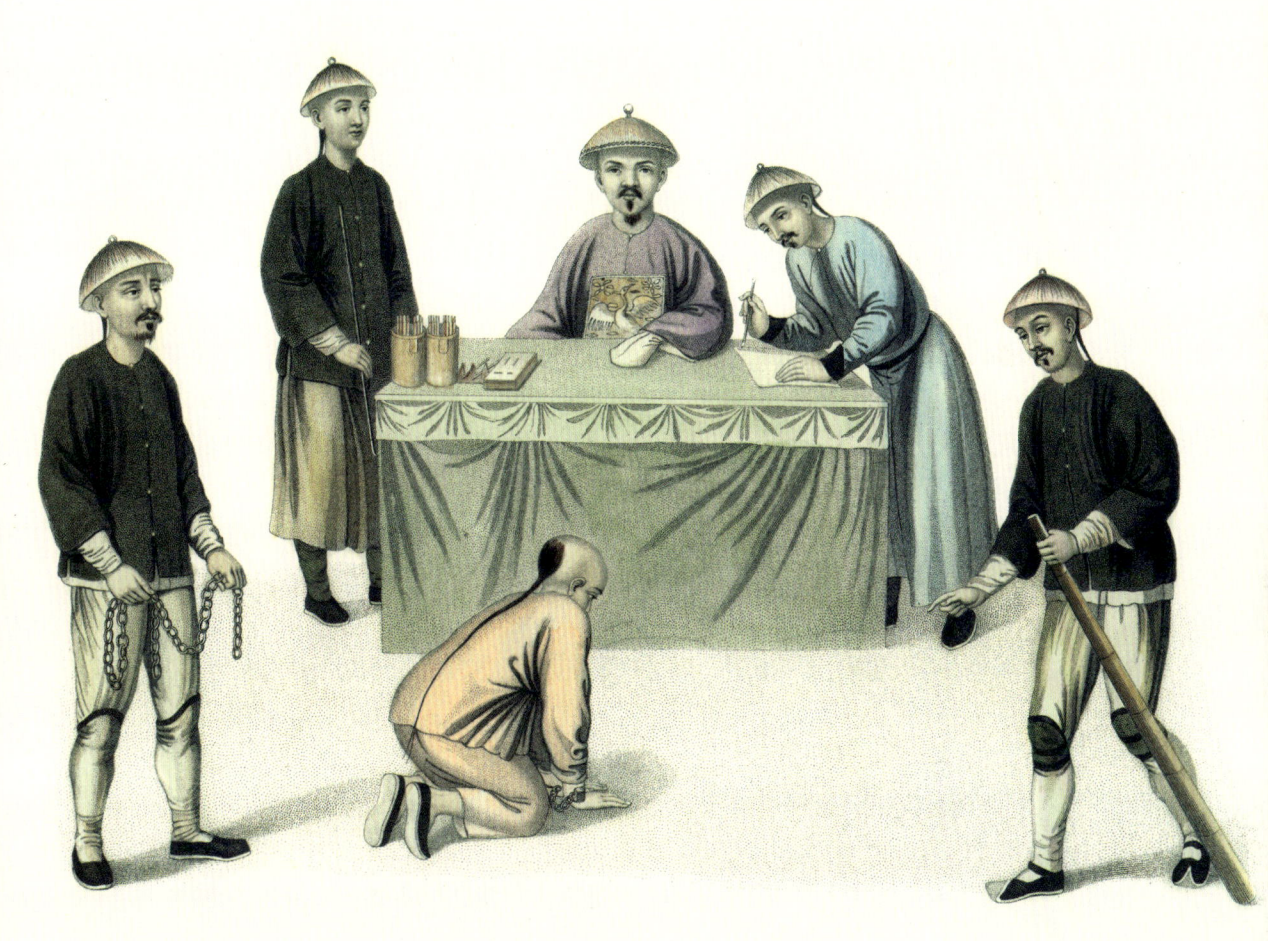

审讯犯人 [1]

---

[1] 上图出自《中国刑罚》一书，由蒲呱（Pu Qua）绘制。——译者。

竹杖之刑
Punishment of Bambooing

轻微的罪过在中国会被施以杖刑，刑具由竹子制成。竹子在中国随处可见，被做成各式各样的器具。

杖刑可能落在任何一个人身上，无论身份高低，即便军队的将领也难免。干涉朝政、结党营私、办事不力的官员会被打80大板，年中考核不及格的官员会被打40大板，误诊导致病人死亡的大夫会被打100大板，仆人喧嚣吵闹打扰皇宫清净会被打100大板，如果连累主人还要被打50大板。

杖刑最轻是5大板。竹杖长四五尺，末梢厚两寸，手持的部分稍薄一些。一旦宣判，刑罚必须当着官员的面马上执行，执行时犯人要趴在地上。

尽管所有人都面临杖刑的危险，但是富人却可以花钱消灾，免于刑罚。收受了贿赂之后，衙役们要么少打上几板子，要么就不怎么用力打。为了杜绝徇私舞弊，确保惩罚认真执行，每打上五六板子，便会换上一名新的衙役。即便如此，也无法保证衙役们不会手下留情。

有时犯人还会花钱请人代替坐牢，这就是特拉福伊斯所谓的"贴心服务"。犯人有时也会请人代为挨板子，自己逍遥法外。如果执刑者身强体健，力气过人，犯人就会多遭罪，甚至被活活打死。犯人在挨打之后，还要跪在地上磕三个头表示感激。

竹杖之刑[1]

---

[1]上图出自《中国刑罚》一书，由蒲呱（Pu Qua）绘制。——译者。

枷刑
Punishment of the Tcha or Cangue

千百年来中国统治者设立各种处罚方式，根据犯人的罪行来量刑。斯多葛派——他们提倡人应该淡然面对，默然忍受降临在自己身上的灾难——的观点是如此荒谬。

木枷板最为常见，也最令犯人们烦恼。它带给人精神上的苦闷远过于肉体上的折磨。木枷一端由铰链固定，另一端由锁（或者是螺丝）固定。中间的大洞正好卡住犯人的脖子，两端的小孔则用来束缚犯人的双手。有时候，犯人的一只手可以自由活动，他会用这只手托住压在肩膀上的木枷，以减轻肩膀承受的压力。

木枷上通常贴着一张盖着官员大印的封条，另外还贴着一张布告，上面写明了犯人的罪行。

枷锁的重量在 60 磅到 200 磅之间。刑期由官员来决定。有一个罪犯被处以 6 个月的枷刑。他晚上被关在牢房，白天则被带到繁华的城门口示众。手持皮鞭（或竹杖）的衙役把犯人带到城墙根下。犯人倾斜着身子，稍稍靠在墙边以减轻枷锁的重量，放松一下肩膀。一旦被拷住双手，犯人便没有办法自己吃饭、喝水，只好由守卫来喂他们进食。监狱里的伙食很差，往往难以下咽。有时候，犯人可以从善良的围观者那儿得到一些食物。戴枷的犯人不仅自己无法吃饭，还要忍受大街上调皮的小孩子的嘲弄，令他们十分苦恼。戴枷者先前可能位高权重，一旦戴上枷锁，却只能祈求先前他完全不屑一顾的普通人的怜悯与同情。

对于一部分犯人，只受枷刑还不够。枷刑期满，犯人还要挨板子，然后被流放。身犯重罪但罪不至死的犯人会被终生流放。

柳州

夹刑
Chinese Punishment of the Rack

在一条厚实的长条板上，一端固定着一个用来固定犯人双手的支架，另一端装有两个木钳。木钳由三块直板组成，两端的直板连接在长条板上，木钳可以灵活调节。行刑时，差役把犯人死死地绑在长条板上，脚踝放置在木钳内。

行刑者敲击木楔子，令其缓慢进入木钳的细缝中。同时，另外两个行刑者将绳子拉紧。随着木楔子逐渐深入，木钳下端逐渐靠拢，直板便紧紧挤压住犯人的脚踝。可以想象力道是如此之大，疼痛完全超乎人们的想象，严重时甚至会造成粉碎性骨折。

在如此残酷的刑罚下，嫌疑人如果试图反抗或者拒不认罪的话，他的手脚可能会变得血肉模糊。

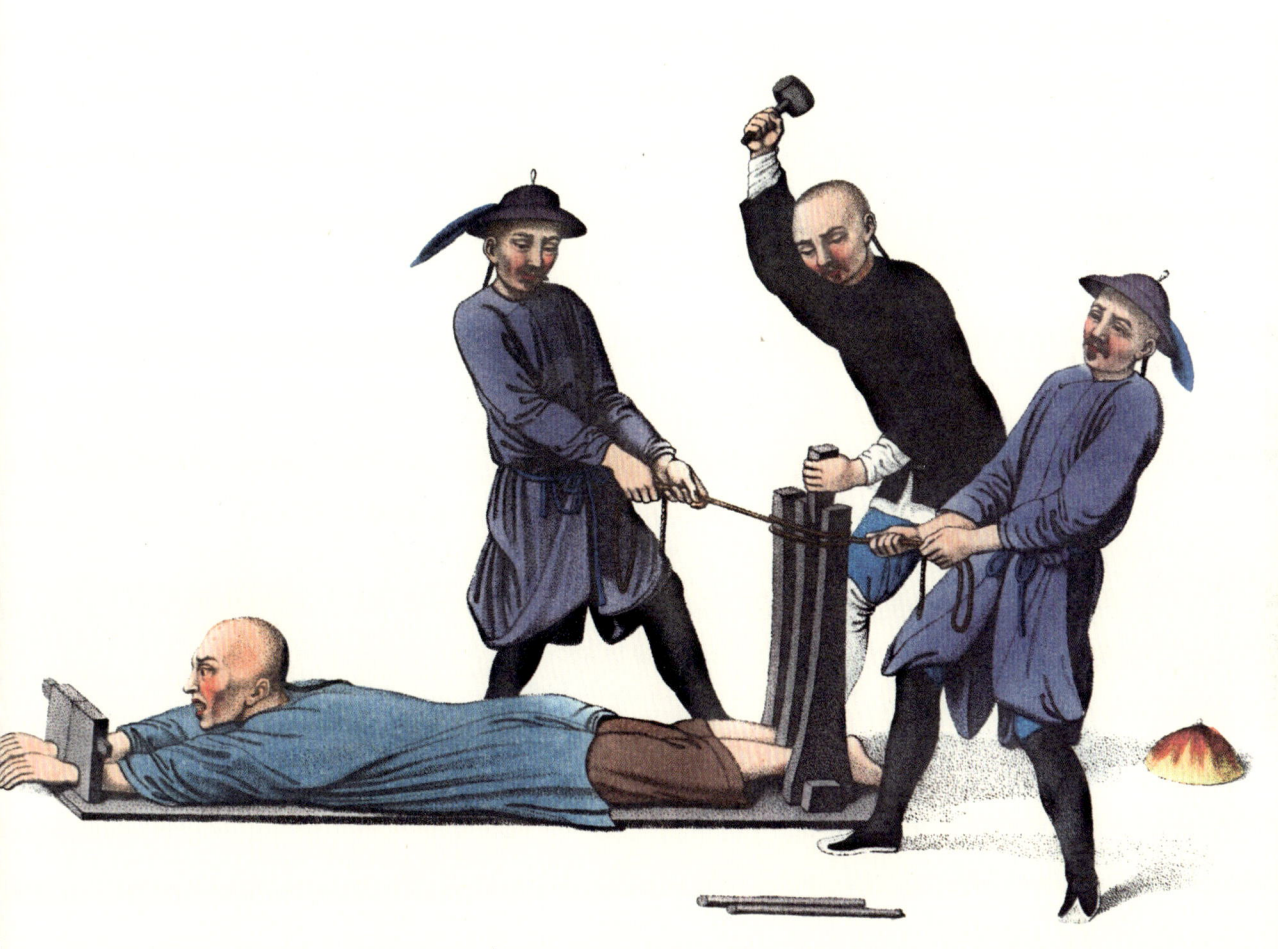

夹刑[1]

---

[1]上图出自《中国刑罚》一书，由蒲呱（Pu Qua）绘制。——译者。

游街
Street Punishments

　　图中的犯人正在接受惩罚。

　　最前面的差役正在敲锣，以吸引百姓的注意，并向围观的群众宣布犯人所犯之罪。同时，锣响多少声，犯人便要挨多少板子。犯人紧随其后，他耳后插着两只小旗子，就好像长在脑袋上似的。只见他双手被反绑在背后，双脚赤裸，衣裳单薄，表情显得痛苦而恐惧。第三个人是行刑者，他挥舞着长条的竹板，好像正准备抽打犯人。最后一个是监督执刑的小吏。

游街[1]

[1] 上图出自《中国刑罚》一书，由蒲呱（Pu Qua）绘制。——译者。

打板子
Punishment of Bastinado

世界上所有的民族中，中国人最为安分守己，他们既不了解基督教，也不了解盛行于西方的政治经济学。人民在专制制度下越来越安分守己，专制制度也得以延续至今。"封建家长制"的统治原则上要求人民服从统治者在政治、军事和内政方面的种种方针。家庭中也存在依赖与不平等，社会认可家长不言而明的权威，子女必须要孝顺父母。中国的统治形式与之相似。百姓是皇帝的子民，皇帝如父亲般善待自己的人民。当臣民出现疏忽与倦怠时，皇帝要惩罚他们。同时，他还需表明惩罚是违背自己意愿的，惩罚是为了臣民好。官员们是皇权的代表，他们和百姓观点一致，都赞同皇帝的说法。在这种变态的道德观念影响下，面对施加在自己身上的暴政，官员们安之若素。当子女或者仆人不服从家长的命令、偷盗家中的财物，或者背叛家庭的时候，一家之主便可以惩罚他们，甚至杀死他们。同样，一国之君，"天下人的父亲"及其在各地的代理人——官员们，也有权这么做。从文献记载中，我们发现世界各国所有的帝王中，中国国王最爱行使赦免权。中国帝王利用鞭子制造恐怖，保证了帝国的长治久安。

最常见的刑罚是打板子。打板子的数目和犯人的罪行成正比。在监刑官的监督下，士兵把犯人带到城外热闹的公共场所，由专门的差役行刑。罪行越重，刑罚也越重。差役们把犯人摁倒在地上，接着用长6尺、宽2寸的竹板抽打犯人的臀部和大腿。打完之后，犯人要跪倒在监刑官面前，感激他的关怀与教训，就好像学生在挨完鞭子之后，还要感谢老师的教导一样。

18世纪初，抵达中国的传教士倾向于相信，正是因为关心受刑者，统治者才会使用鞭刑这么一种温柔的惩罚来纠正受刑者的过失。他们还认为，挨了鞭子的农民完全没有必要感觉自己蒙受了多大的耻辱，也没有理由去抗议，毕竟权贵和王子同样也会领教鞭子的厉害。相反，反抗徒劳无益，还会让自己名誉扫地。不过，在基督徒们看来，实施惩罚的王公贵胄和受刑蒙羞的百姓，究竟哪一个令人不齿，还很难说。

打板子很常见，广泛流行于各地。"官员们，从九品小吏到四品大员，随时都可以杖责下属，以示惩罚。对于那些皇子皇孙、四品以上的朝廷大员，皇帝必要时也会杖责他们。"皇帝就曾经杖打了两个成年的皇子，其中一个皇子还继承了皇位。

富人们也会遭受杖刑，这对某些穷苦之人是一种安慰。但是，执刑者不仅生性残

打板子

忍，往往还会徇私枉法，这就改变了惩罚制度的初衷。面对鞭刑，汉人往往大都会认命，满人不同，他们认为自己是征服者，却还要被汉人责打，简直岂有此理。

杖刑由来已久，如今还广泛存在，这表明中华文明长久以来从未发生变化。

英国军队中曾经存在一种野蛮的习俗，两列士兵组成人墙，当违犯军法的人经过时，每个士兵都要抽他一鞭子，这被称为"穿越交叉射击"。这种刑罚用来惩治最恶劣的犯罪行为。但它过于严厉，受刑者往往会被打死。这种残忍的刑罚令军队蒙羞，已经被取消了。俄国的笞刑与之类似，最初只存在于宫廷中，后来才逐渐施行于全国。

附录

欧洲彩色版画记录的中国
1682—1880

北京，套色铜版，Waills 根据 Craig 的原创制作，英国伦敦，1810 年

北京皇家花园，套色钢版，Lemaitre 制作，法国巴黎，1835 年

北京，套色钢版，Hildburghausen 制作，英国伦敦，1841 年

▌北京，套色石版，J. Dreeser 制作，德国斯图加特，1850 年

北京，套色木刻，法国巴黎，1866年

| 天坛

▌石狮子

南京，套色铜版，Manesson Mallet 制作，法国巴黎，1682 年

▌南京，套色铜版，G. Cooke 创作并制作，英国伦敦，1795 年

宁波，套色钢版，英国伦敦，1839 年

上海港口，套色木刻，英国伦敦，1848 年

■ 上海美国领事馆，套色木刻，N. Orr 根据 Heine 的原创制作，美国纽约，1860 年

■ 上海，套色木刻，Grandsire 根据 M. de Trevise 的原创制作，法国巴黎，1865 年

▌上海水景，套色木刻，Laly 根据 E. Grandsire 的原创制作，英国伦敦，1860 年

中国第一条铁路 1876 年 9 月 2 日在上海开通，套色木刻，英国伦敦，1876 年

▌上海，套色木刻，法国巴黎，1880 年

▌广州，套色铜版，英国伦敦，1800 年

■ 广州，套色铜版，Heath 根据 Metz 的原创制作，英国伦敦，1815 年

■ 广州，套色钢版，H. Jordan 根据 H. Melville 的原创制作，英国伦敦，1834 年

▌广州，套色钢版，英国伦敦，1840 年

▌广州，套色钢版，C. Reiss 制作，美国纽约，1841 年

■ 香港，套色钢版，Payne 根据 G. Graham 的原创制作，英国伦敦，1840 年

■ 香港维多利亚港，套色木刻，A. Leitch 制作，英国伦敦，1850 年

香港维多利亚港，套色木刻，英国伦敦，1850 年

▮香港，套色木刻，英国伦敦，1860 年

香港维多利亚港，套色木刻，英国伦敦，1862 年

■香港的一条街，套色木刻，英国伦敦，1865 年

香港，套色木刻，英国伦敦，1866 年

香港，Sabatier 根据 M. de Trevise 的原创制作，套色木刻，法国巴黎，1865 年

■香港，套色木刻，英国伦敦，1870 年

▌香港，套色木刻，M. L. Chambeyron 制作，法国巴黎，1870 年

▌澳门，套色石版，意大利米兰，1820 年

▌澳门，套色钢版，W. Floyd 根据 W. Purser 的原创制作，英国伦敦，1840 年

▌澳门，套色钢版，A. Payne 根据 C. Graham 的原创制作，英国伦敦，1841 年

▌澳门，套色木刻，英国伦敦，1860 年

▌澳门石亭，套色木刻，Maurand 制作，英国伦敦，1865 年

▌澳门，套色木刻，英国伦敦，1865 年

▌澳门，套色木刻，英国伦敦，1870 年